佐久間象山

佐久間象山

●人と思想

奈良本辰也
左方　郁子　共著

48

CenturyBooks　清水書院

はじめに

「東洋の道徳、西洋の芸術」、これが、儒学者で同時に洋学者でもあった佐久間象山の、終生の信念であった。

「西洋の芸術」の「芸術」という言葉の意味は、現在使われているそれと少しちがう。こういう漢語の意味の変遷は、それ自身が興味深いテーマなのだが、いまはその詮索を避けて、あっさり説明しておけば、これは〃科学技術〃ということである。つまり、科学技術は西洋のものがすぐれているから、それを採用しようというのだ。

それに対する「東洋の道徳」の「道徳」だが、これも道徳教育の道徳というように狭く解釈してはいけない。象山は儒学者であり、しかも、儒学の中でも正統派である朱子学者である。正統的な儒学者においては、道徳と政治は切り離せない。政治は道徳に従って行われねばならず、政治家は最高の道徳家でなければならない。政治家が道徳政治をするための学問が儒学であり、儒学道徳を身につけることがすなわち政治なのである。もう一歩踏みこんで、道徳イクオール政治だと表現しても、決してまちがいではない。

象山のような儒学者の頭の中では、道徳と政治は、そういう関係になっていた。だから、この「東洋の道徳」という言葉を、やはり現代風に書きなおせば、政治制度はもともと東洋のものがすぐれているから、これを守っていこうということになる。そうして、東洋のものとは何かといえば、これは中国や朝鮮や日本で公式の政治思想として採用されている儒学なのである。

だから、象山の信念を、まとめて翻訳してみれば、こうなる。

〝政治制度は、やはり東洋諸国で行われている儒学思想の教えに従うのがよい。

だが、科学技術は、西洋諸国のものがすぐれているから、それを採用しよう〟

象山のこの考え方は、幕末期の日本人や、また明治期の日本人に大きな影響を与えた。幕末期や明治期の知識人で、「東洋の道徳、西洋の芸術」という象山の言葉を知らなかった人はいない、といってもよいだろう。それほどの迫力をこの言葉は持っており、われわれの曽祖父の世代は、この言葉を頼りとして日本の近代化をなしとげたのだった。「東洋の道徳、西洋の芸術」という言葉は、近代日本建設の指針だったのである。

今日、われわれは、象山がどのような学問と、どのような実践を通じて、この思想に到達したのかを明らかにしてみなければならない。また、その思想が、象山の生きていた幕末の政治過程において、どのような役割を果したかをつきとめなければならない。

それをはっきりさせることによって、象山の思想と現代の日本とのかかわり方も、また明らかになってくるだろう。幕末から明治、そうして、明治百年をとっくにこえてしまった現在と、その間、一貫してある方向性をもってつくられた近代日本を、今後どうすればよいのか、その課題を根本的なところから考えなおしてみるためにも、その分析が役に立つにちがいない。象山の生涯を追跡しながら、それを考えてみること、これが本書の目的である。

目次

I　儒学者をめざして

合理的精神の醸成

象山、その人

三十歳くらいまでの象山は、純粋な儒学者だった。郷里の信州松代で、藩の儒学者たちに教育され、二十歳をすぎて、藩の許可を得て二度も江戸に遊学し、とりわけ二度目の遊学、数え年二十九歳の天保十年（一八三九）には、神田お玉ケ池に、私塾を開いて「象山書院」と名づけるほどだった。江戸の知識人社会でも名士に数えられるようになったのである。まず、異例の成功だったといってよかろう。そうして、これが普通の時代であれば、象山は儒者として大成しつづけ、いわゆる〝大儒〟として幾千幾万という弟子門人たちにかこまれて、平穏で幸福な一生を送ったかもしれない。

その象山に、それまで人々が彼に期待し、また、彼自身が予

佐久間象山略年譜

文化8	一八一一	二月松代城下に生る。
文政9	一八二六	鎌原桐山の門に入る。
10	一八二七	始めて恩田頼母と識る。
天保3	一八三二	父一学没す。
4	一八三三	始めて江戸に遊学。
7	一八三六	帰藩、象山と号す。
8	一八三七	学政改革の意見書提出。
10	一八三九	江戸に遊学。神田お玉が池に象山書院を開く。
13	一八四二	藩主真田幸貫海防掛となり、その顧問として海外事情の研究に従事。
14	一八四三	韮山に赴き江川坦庵に

想していた人生と、全く異なる運命を開くきっかけが訪れた。それをもたらしたのは、象山の主君、松代藩主の真田幸貫である。

幸貫は、かの寛政改革のときの幕府老中松平定信の子供で、松代真田家へ養子に来た人物だが、父に似て政治への関心が強く、希望して天保十二年（一八四一）に老中に就任した。つづいて、翌十三年には、海防掛を担当している。

このときの海防掛は、重要な任務である。なぜかといえば、その二年前の天保十一年（一八四〇）にアヘン戦争がはじまって、あの大国清朝がイギリスに惨敗したというニュースが伝わってきており、日本としても対岸の火事と見物をきめこんでいるわけにはいかない急迫した事情であった。

そこで真田幸貫は、かねて目をかけていた秀才の佐久間象山に、海防掛の仕事を助けるように求めた。海外の情勢を勉強し整理して報告するように命じたのである。

象山の洋学研究はこのときにはじまる。まず漢訳書で西洋事

		西洋兵学を学ぶ。
		郡中横目となる。
弘化3	一八四六	松代に帰る。
嘉永1	一八四八	鞜野村踏査。
3	一八五〇	深川藩邸で砲術教授。
4	一八五一	木挽町に居を定め儒学及び砲術を教授。
5	一八五二	勝海舟の妹順を娶る。
6	一八五三	米艦浦賀に来り阿部正弘に急務十条を提出。
安政1	一八五四	吉田松陰出国事件に連坐蟄居を命ぜられる。
文久2	一八六二	蟄居赦免。
元治1	一八六四	幕命により上洛。七月二日三条木屋町で暗殺。

情の収集につとめ、ついで原書を読む段階へと進んだ。もちまえの才気と猛烈な努力とで、いつか洋学の第一人者の地位に到達していた。

しかし、象山は、洋学を学ぶにあたって、それまで身につけていた儒学を捨ててしまったのではない。むしろ、儒学を固く守り、その儒学思想をより深めるという角度から洋学の研究をしている。それだからこそ、冒頭に書いておいた「東洋の道徳、西洋の芸術」という境地に到達したのだった。

したがって、われわれは、象山の洋学について追跡するまえに、彼がどのような儒学を身につけていたかを確認しておかねばならない。それは同時に、彼の生いたちをたどることにもなるだろう。象山は、少年時代から青年時代にかけて、その勉学の時間のすべてを儒学に費しているのであるから。

松代と真田家

すでに、藩や藩主の名前が出ていたように、象山は、信州松代藩真田家の家臣の家に生まれた。真田という姓、それに藩主の幸貫という名前から察せられるように、これは、かの大坂の陣で有名な真田幸村の家系である。六文銭の紋所、それに猿飛佐助など真田十勇士で名高い真田家である。

もっとも、真田幸村の家系といっても、松代の真田家が幸村の子孫だというのではない。幸村の系統は大坂城で滅んだ。残ったのは、用心深く兄弟が東西に分かれる方針のもとに、徳川方につい

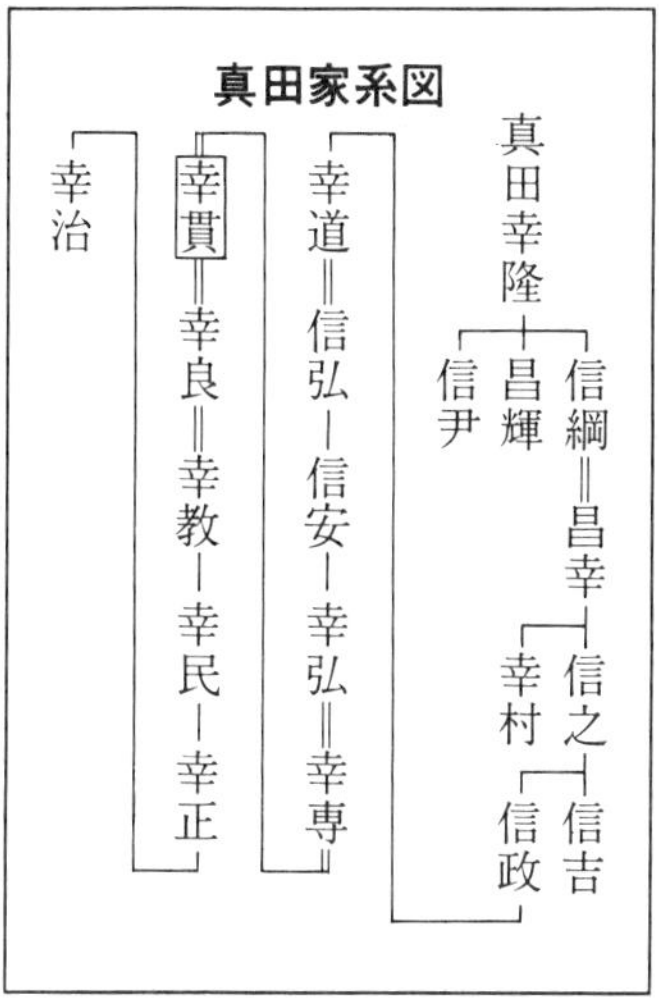

た兄の信之の方の子孫である。こちらの系統にも、徳川時代に入ってからいろいろないきさつがあったのだが、最終的には松代十万石に落ち着いた。

松代は、いまは行政的には長野市の一部になっている。しかし、徳川時代には、真田家の松代城の城下町として、完全に独立した町であった。現在でも、長野市の中心部とは、有名な川中島を隔てて相対し、別個の文化圏を形成しているような感じを与える。長野市の一部というよりも、往年の松代町という方がぴったりするような雰囲気をもっているのだ。

事実、ついこの間まで、ここは埴科郡の松代町だったのである。町村合併も、あまりに強引に、かつ大がかりにやられてしまうと、何か味気ない思いが残るのは、あながち歴史を知っているものばかりが感じることではあるまい。

その旧松代町に入ると、いたるところに佐久間象山ゆかりの遺跡がみられる。

まず、象山記念館、象山神社、生誕地、象山が日本で最初の電信の実験をした鐘楼、それに幕府から国許《くにもと》蟄居《ちっきょ》の処分を受けたときにそこで謹慎した聚遠楼の跡、それからまた〝象山〟という名の山。もっとも、これは遺跡といっていいかどうかわからないが、象山神社や象山生誕地のすぐそばにある小さな山で、少し離れてみると象のかっこうをしているというのでこの名がある。象山の号は、この〝象山〟から取ったのだという。

だから佐久間ゾーザンが正しい、いや佐久間ショーザンだという論義には、本書は加わらないけれども、その〝象山〟は別として、小さな松代の中に、これだけ象山関係の記念物が残されているのは、この町がどんなに佐久間象山のことを誇りに思い、その偉さを世に伝えようと努力しているかを示すものだろう。

幼年時代

この松代の町で、当時、象山はどのような若い日々をもったのであろうか。また、松代藩は、象山をどんなふうに処遇したのであろうか。少し順を追って見てゆくことにしよう。

佐久間家は、松代藩真田家の譜代の家臣である。しかし、この家は不思議に男の子の生まれない、また生まれ

象　　　山

ても育たない家系で、何代も養子が継ぎ、父の国善もまた養子だった。五両五人扶持《ぶち》という微禄である。佐久間家はもとは百石取りの上士だったのだが、子供ができないので一度断絶しかかり、他家から養子をとって再興する際に、五両五人扶持に減らされたのだった。

もっとも、象山の父の国善は、剣術の達人で道場を開いていたから、禄高相当よりは豊かな暮らしをしており、屋敷跡も、なかなかの広さである。

その佐久間家で、文化八年（一八一一）、ひさびさに男の子が生まれた。それが象山である。

封建の世、世襲武士の場合には、跡継ぎがうまく生まれるかどうかというのは、一家の浮沈にかかわる大問題である。だから、この男子の誕生は、非常な喜びをもって迎えられた。

そのせいか、象山は、幼いころから武士の家に男子のできないのが、どんなに困ったことであるかを、頭にたたきこまれて育ったにちがいない。後年、子供をつくるために妾を持つということを、彼は何度も強調しており、妾の周旋を誰彼《だれかれ》に依頼する手紙もたくさん残っている。いくら封建時代でも、妾の必要

象山生誕の地

をそれほどまでに強烈に主張した人物は、他に例をみない。彼自身の性格もあろうが、その性格のかなりの部分は、何代も養子がつづき、一度は断絶の危機にさらされて家禄を大幅に削られていたという生家の事情に規制されて形成されたのではないかとみられる。

父の国善は、剣術ばかりでなく、学問にも造詣が深かった。封建武士の子弟で、親が学問に熱心であれば、当然、早くから儒学の勉強をさせられる。『論語』『孟子』の素読からはじめて、『大学』『中庸』と、いわゆる「四書」を終え、『易経』『礼記』『春秋』などのいわゆる「五経」に進むのである。

象山も、父や、また藩の儒者の手ほどきを受けて、このコースを歩みはじめた。むろん秀才であって、進歩は非常にはやかったらしいが、偉人の幼少時代の逸話は、やっぱり子供のときからちがっていた、梅檀《せんだん》は双葉より芳しだ、ということばかり強調するものが多くて、〝人と思想〟を考える上では、むしろ邪魔になるので、本書ではあまり触れないでおきたい。ともかく、微禄の家に生まれたわりには、恵まれた幼年時代であり、その学問も順調に育ったのである。

儒者への道

その学問が、一般教養としての儒学から一歩進んで、専門の儒者への道を進みはじめたのはいつだろうか。

象山自身がその決意をしたことを示す史料はみあたらないけれども、まず、十六歳のときに、松代藩の家老で儒者でもある鎌原桐山の門に入って、儒者の本格的な勉強をはじめたところあたりが転機ではないかと思われる。

　鎌原桐山は、佐藤一斎の弟子である。佐藤一斎といえば、そのころの江戸の代表的な儒学者だ。形式的には昌平黌《しょうへいこう》を主宰している林大学頭《だいがくのかみ》の門人ということになっているが、一斎のころの大学頭林述斎は、学門もできたが政治的な手腕も相当なもので、幕府の行政的な仕事が忙しかった。そこで昌平黌の方は、門人というよりもむしろ友人というような存在だった佐藤一斎にまかせてしまっている。つまり、佐藤一斎は、江戸の儒学、いや、日本儒学の総本山の看板教授で学長代理であった。

　したがって、その学問は公式には朱子学でなければならない。幕府は、寛政異学の禁で、朱子学以外は認めない方針をとっていたのである。

　もっとも、佐藤一斎個人としては、朱子学よりも陽明学の方がおもしろかったらしくて、象山がそれに気付き、それを非難するような場面をあとで書かなければならないのだが、幕府官学の学長代理としては、あくまでも朱子学である。

　その弟子だから、鎌原桐山も朱子学者である。象山は、この朱子学者桐山から、みっちりしこまれた。十六歳のときから、江戸に遊学する二十三歳のときまで、あしかけ八年間である。いまの高校と大学にあたる年頃だ。期間からみても、またそのときの象山の年齢からみても、これが、象山のもっとも基礎的な学問となったと考えて、まずまちがいあるまい。

しかし、象山が桐山から何をどのようにならったかということまでは、いまの研究段階でははっきりしない。「経書」、つまり「四書五経」の解釈をより精密にしていっただろうということ、それがもっとも正統的な朱子学の立場から行われたであろうということを推測しておくほかはないのである。

朱子学の立場からの儒教解釈ということについては、この書物の冒頭で「東洋の道徳」の説明でのべたように、道徳と政治とを直結させているということ、儒教道徳を政治のための道徳、あるいは政治そのものだと読む傾向がもっとも強いのだということを、とりあえず、ここでもう一度強調しておけばよかろう。

朱子学・陽明学・古学

日本で朱子学と対比される位置にあるのは、陽明学と古学である。このうち、陽明学は中国の王陽明に発して日本に入ってきたものだが、古学は、日本で独自にできあがったという性格をもっている。

もっとも、陽明学と古学との対比を説明するためには、朱子学のことも少し詳しく見ておかねばならないだろう。

朱子学は、中国の宋の時代に成立した学問である。宋といえば十世紀から十三世紀だ。このときに中国の儒学は大発展をとげた。その宋の時代の代表的な儒学者であった朱子の名前をとって、それを朱子学と呼ぶようになった。

それ以前の儒学は、原始儒教である。孔子の『論語』か『孟子』そのままの、素朴な学問だった。こういう場合にはこうするのが礼にかなっているというような、具体例をたくさんあげた教訓書のようなものである。

それが、宋の時代に、一大哲学体系につくりかえられたのである。大は宇宙から小は人間をはじめ動物たち、さらに草木から瓦石にいたるまで同一の原理に貫かれているという壮大な形而上学である。人間は、その原理に即して生きるように心掛ければ理想的に政治や生活ができるというように考えていくのである。

朱子は、この哲学体系にもとづいて、『論語』や『孟子』に注釈をつけ、それ以後は、この朱子の解釈に従って儒教の古典が読まれるようになった。例の科挙にしても、儒教の古典を、朱子の解釈に従って勉強し暗記しておかないと、試験にパスしないのである。

王陽明は、宋の次の元《げん》の、そのまた次の明《みん》の時代の人である。はじめ朱子学に従って、一木一草にいたるまで同じ原理が貫いているということを信じこもうとしたのだが、庭先の石ころとか草をいくら眺めても、原理が発見できなかった。そこで、やはり問題は人間自身にあるという、きわめて主観的な発想に転換したのである。

これこそが正しいと確信するその信じ方の中に真実があり、人はその信じている現実に従って行動しなければならない。つまり、「知行合一」でなければならないというのである。

この思想も、朱子学に少しおくれて日本に入ってきた。朱子学も陽明学も、中国では、日本の徳川時代よりも前に成立したのだから、徳川時代には、朱子学も陽明学もどちらも入ってきていた。幕府は、正学として朱子学を採用したのだが、陽明学も、中江藤樹とか熊沢蕃山などの名前で知られるように、なかなかあなどりがたい力を持っており、政治的実践に人をかりたてるということでは、陽明学の方が力をもっていたかもしれない。

幕府では、かの大塩平八郎がその典型であった。しかし、正学の朱子学からみれば、陽明学は、主観的で感情的に行動しすぎるということになり、その勢いのおもむくまま、反逆者にでもなりかねないと警戒していた。

もう一つの古学は、伊藤仁斎や荻《おぎ》生《ゆう》徂徠《そらい》に代表されている。彼らは、儒学の古典を、果たして朱子の註に従って読むのが正しいかどうかと疑った。もっと、古典をもとのままの姿で読まなければいけないと主張したのである。古典には、朱子の主張したような、宇宙から人間やけもの、草木から鉱物にいたるまで同じ原理が貫いているなどとは少しも書いていない。そうではなく、人間の政治制度は、特別の能力をもった聖人が作ったものであり、そのように作られたものとして運用されなければならない。

それと人間の道徳とは別物だと説く。政治は政治として、政治自身の法則に従ってやられねばならない。人間の全部が、宇宙万物の理をきわめることによって、聖人と同じところまで上昇し、その結果として政治が生まれていくということは、ありえないと説くのだ。

この古学、とりわけ荻生徂徠の説は、大きな影響を与えた。幕府の寛政改革のとき、老中松平定信が寛政異学の禁を発するのは、もっとも直線的には、この、道徳と政治を切り離す傾向の強かった古学を弾圧の対象としたものだった。象山は、そのような古学や、また、主観主義的傾向をもって無鉄砲な行動に走りやすい陽明学でなく、朱子以来の主流中の主流である朱子学の立場をとりつづけようとしたのである。

江戸遊学

象山が、数え年で二十三歳となった天保四年（一八三三）、かねての希望が藩当局にききいれられて、江戸遊学を許可された。象山の秀才ぶりに対して、藩主の幸貫がとくに注目していたことも、この許可には大きく影響していた。

江戸では、鎌原桐山の紹介で、佐藤一斎の門に入った。まず、地方の秀才象山としては当然のコースである。

しかし、一斎には、前に少し書いておいたように、内心陽明学に傾くところがあった。象山は、その点については、より純粋な朱子学者であったので、いくら天下第一級の一斎の説でも従えないと判断したようだ。経学つまり儒学の経典の解釈等については、あなたの教えをうけたくないと返答したと伝えられている。しかし、文章や詩については、一斎はやはり第一人者であるから、それは習いたいともいったそうだ。一介の田舎出の若者にしては、たいそうな見識である。

これは、また、象山がそれほどに醇乎《じゅんこ》たる朱子学者であったということでもある。朱子学からはずれることは、たとえ師の一斎であっても承服しない、それほど頑固な朱子学者であったということは、象山の生涯を考える上で大切な要因であり、彼が洋学を研究するようになっても、この考え方が随所に顔を出すのである。

江戸に在ること三年、天保七年（一八三六）には松代に帰って藩の子弟を教育する仕事についた。藩政についてもいくらか発言し、翌年のちに松代藩文武学校が建設される基礎となる献策も行っている。

しかし、象山は、もう一度江戸へ出たかったようだ。自分が一生をかけて何をなすべきかという目標を、まだこの段階でははっきりと摑《つか》みきってはおらず、それを見定める仕事を江戸でやりたかったのだと思われる。

天保八年（一八三七）に大坂で陽明学者大塩平八郎の乱がおこったことは、象山を強く刺激した。朱子学者象山の目には、この大塩の乱は陽明学の悪を証明した事件としてうつったのである。象山は、学問はやはり朱子学でなければと確信したようだが、その確信を天下に訴えるにも、松代藩ではいかにも舞台が狭すぎるという感があった。たけだけしい猛禽はみずからの飛翔する力を試さんがために大空を求めるものである。

神田お玉が池の跡

象山書院

象山の願いが通って、再度江戸遊学が許されたのは、天保十年、象山は二十代最後の年だった。

こんどは、神田お玉ヶ池に「象山書院」となづける私塾を開いて、門弟多数に教授するという発展ぶりである。

その「象山書院」の学則がいまも残っているが、それをみると象山の朱子学の勉強の仕方がよくわかる。まず、朱子学では学問の順序が非常に重要視される。その順序とは、「小学を読んで学び、ついで四書・五経、それが終われば周・程・張・邵《しょう》・朱というように、中国の朱子学者の書物を順に読む、決して順序を誤ってはならない」というのである。

そうして、朱子学は形式を尊ぶ。書物を読むとき正座するのはもちろん、顔を洗って髪を櫛けずることなく読書するのはもってのほかであるし、衣服もきちんと正さなければならない。おしゃべりはいけないし、身の回りの持ち物などもつねに整頓してなければならない。要するに日常の言語動作のすべてが経書の趣旨にそってこそ、格知——すなわち学問の真髄にいたることができるというのである。

今日でもお茶や作法はまず形式から入ってその真理に達するといわれているが、象山も決して形式主義というのではなく、それが格物究理への必要な道程だと信じていたのである。だから、同じ学則に「およそ学は、徳行をもって首となし、才識はこれに次ぎ、文芸は最も末なり」と述べているように、理にかなった日常の生活態度それ自体が学をなすことであり、徳行なのである。そうして、少なくとも象山自身はつねにそれを念頭において行動していた。

この教育方針がうけたのか、「象山書院」を訪ねる弟子はあとをたたなかった。この塾はかたわらに柳の木があったので風流めかして「五柳精舎」とも呼ばれていた。

このころから象山の名は人々に知られはじめたようだ。本人も相手かまわずいろいろ議論してみたが、江戸広しとはいえ、自分の方が心服するような人物にはついにお目にかからなかったといっている。

この時期に象山が交際した有名人の数は多い。たとえば先生の佐藤一斎をはじめとして、一斎とならぶ大儒の松崎慊堂《こうどう》、また幕臣の学者川路聖謨《としあきら》、諸藩では水戸の藤田東湖、田原の渡辺崋山、詩人で同じお玉ヶ池に家をならべていた梁川星巌《やながわせいがん》など、在江戸の知識人と交わり、象山の名声も高まっていった。

「象山書院」を開いた翌年の天保十一年には、「江戸名家一覧」の最新号に象山の名が載せられた。象山はそのことを国許の旧師鎌原桐山に次のように七言絶句をつくって報じている。

都門に駕を税《と》きて未だ周歳ならざるに好事《こうず》の小書姓名を伝う
咲《わら》うに堪えたり撰人の籠絡すること広きを
燕石《えんせき》と連城とを分たず

鎌原桐山はこれにこたえて、「棟梁《とうりょう》松城（代）より出ず……」という祝福の詩を返している。なるほど、松代出身で江戸の学界・文壇の一流人物の扱いをうけたのは、象山が最初だった。しかし、このような話をいくらつづけても、象山が非常な秀才であったという以外の意味はないだろう。しかも、象山は朱子学一本槍だから、いささか型にはまった秀才という感じがつきまとう。ここからは、世に知られているあの象山像は、浮かびあがってこないのである。

象山の象山らしいところが発揮されるのは、この江戸再遊学中に、松代藩主真田幸貫が西洋事情の研究を命じたころからはじまる。

幸貫が象山に期待をかけていたことは、先にも触れておいたが、再遊学の期間を延長して、江戸にずっと滞在できるようにしてやったのも、この幸貫のはからいである。

その幸貫が、天保十二年に老中に就任し海防掛となったことから、象山の進路は急転回して、洋学研究にむかうのであるが、その間のことは、II「西洋の芸術探究」に詳しく述べることにする。ともあれ、象山が歴史の舞台に登場するのは、このときからである。

傲岸なる儒学者

封建社会の動揺

象山に新たな運命がひらけるのは、天保十二年（一八四一）、象山が三十一歳のときであった。年齢的にも二十代の青年客気の時期を終わって、ようやく成熟にむかうころである。

そうしてまた、時代の方も、天保という年は、徳川二百年の間に醸成された宿弊が一挙に吹き出したような時期であり、心ある者の目には、何か新しい手を打たねばならないという危機の時代としてみえていた。

天保はまだ大御所時代であった。十一代将軍家斉《いえなり》は、文化・文政期につづいて、天保に入っても天保八年（一八三七）まで将軍職に在った。この年、ようやく十二代の家慶《いえよし》に位を譲るのだが、そのあとも正真正銘の〝大御所〟として、政治の実権を握りつづけていた。

この天保期は、その初年から天災・飢饉があいついだ。これに対して、幕府も諸藩も何ら有効な手を打てないために、全国百姓の生活は、困窮のどん底にあえいでいた。当然、百姓一揆が頻発する。天保二年の瀬戸内海沿岸のほとんどを覆った大一揆、あるいは天領飛騨高山の打ち毀し、そして翌三年には、筑後・三河・阿波等全国各地に大一揆がおこっている。五年には、それは大坂の市中にまで飛び火し、貧民が徒党を組んで富豪を襲う事件が頻発した。

天保六年も七年も、全国的な不作がつづいた。とりわけ七年は、二月から天候不順で、水害と冷害が全国を覆った。そのため米の値段が暴騰し、都市にも餓死者があふれたと当時の記録は伝えている。

象山がはじめて江戸に遊学するのは天保四年のことであるから、ちょうど全国的に経済危機が激化していた時期ということになる。だが、象山はまだ若く自分の生活環境の変化に夢中で、深くそのことを思ったというような記録は残っていない。

天保八年、危機はついに大塩平八郎の乱という尖鋭な形をとって爆発した。一天満与力が幕政批判のため武力をもってたちあがったのであるから、反乱そのものが半日たらずで鎮圧されたにもかかわらず、大きな波紋を呼んだ。とりわけ、大塩平八郎が決起のときにとばした檄《げき》文は、当局の厳重な警戒の網の目をくぐりぬけて、多くの人々の手にわたり、ひそかに回覧された。それは、水戸の藤田東湖のような武士層だけでなく、全国の農民、豪農・豪商あるいは学者・文人にまで及んで、なかには手習いの手本にしたものまであったと伝えられる。その後各地でおこった一揆が大塩の残党を自称したことからも、その思想的影響の強さを知ることができる。たとえば、この年の六月に越後柏崎で、国学者生田《いくた》万《よろず》の指導した一揆も「大塩一党」と称し、事前に「落し文」をまき、

大塩平八郎の乱

富豪の邸宅を襲って財宝を村民にわけ与えるという一揆の手口まで、大塩の乱に範をとっているのである。

この乱は江戸の知識人にも強い衝撃を与えている。たとえば、お玉ヶ池の象山の隣に住む梁川星巌、この巷間の詩人はこのときすでに五十歳であるが、大塩の乱を伝えきいてこれこそ「天警」だと詩《うた》っているほどだ。

このような反応は、全国的な規模でみればたしかに一部のごく限られた人々だけのものであった。この人々は鋭敏に天保という時代の腐臭を嗅ぎつけていたのだ。

だが、象山は全く別の反応を示している。前にも少し書いたように、このとき象山は第一回の江戸遊学を終えて松代にあった。大塩事件の噂は象山を刺激したが、象山にとってそれは朱子学の危機であった。大塩平八郎は著名な陽明学者である。陽明学だからあのような謀《む》反《ほん》という形をとったのだ。それは象山の「東洋の道徳」の埒《らち》外《がい》にある行為なのだ。さっそく象山は藩当局に上書して、藩士が陽明学の悪にそまらないようにするため、朱子学教育をもっと盛んにしなければならない、そのために文武学校を建てるべきだと献策している。だいぶんあとになって、松代藩ではこの象山の献言を入れて、朱子学教授のために文武学校をつくっている。

朱子学の実践者

大塩事件に対する象山の反応は、正統的な朱子学者としては当然かもしれない。象山にとって社会の危機的な状況は、封建制度そのものの矛盾から生み出されたものとしては理解されず、逆に「東洋の道徳」＝封建制が正しく行われないからだと映じたのである。だからこそ象山は封建教学の基本である朱子学の実践を説いてやまなかったのだ。

そうして朱子学にあっては、政治はつねに支配者の側の問題である。象山の眼がいつも支配者にのみむけられていたのも、また朱子学を信念とするものとして必然的な結果であった。だが、象山にとって気の毒なことは、世の中は彼がみようともしない被支配層の深いところから変わりつつあり、儒学の世界も徂徠学や陽明学の台頭によって、朱子学の権威は大きく揺いでいるときに、彼が朱子学をひっさげて活躍しなければならなかったということだ。

象山も世の中の流れが必ずしも彼の理想とする方向にむいていないことは知っていた。それゆえ、彼は自分が身をもってその理想を体現しなければならないと考えていたようである。その考えは「象山書院」の教授方針にも示されていたが、彼自身についても、その思想学問だけでなく、日常生活の挙措振る舞いから服装にいたるまで、朱子学的な秩序を表現するために心を配っていた。そういう象山を、彼の義兄にあたる勝海舟が、後年、揶揄《やゆ》のこもった批評を加えているから、ついでに紹介しておこう。

おれが役をして居た時に、かつて十名ばかりの従者と共に同じやうに粗末な小倉袴の扮装《イデタチ》で、佐久間象山を訪ねたら、先生玄関まで出迎へて、「貴下の仕度《したく》はあまりではないか。従者と同じ身なりではお役目に対して済むまいが」といふから『拙者の従者をさう軽く見られるけれど、彼らはみな天下の書生である。今でこそ、あなたも先生だけれど、もとはやはり彼らと同じ書生であった。教育によっては、彼らも或は他日あなたのやうに出世するかも知れない。ゆえに拙者は、彼らを兄弟として待遇して居るので、決して全くの従者と思っては居ない』といったら彼もとうとうなづいたが、象山は、まあこんな風に一体が厳格な人であった。しかし、この厳格があまり度を過したのが禍となって、あまり小言をいひ過ぎたあげく、遂に河上彦斎《げんさい》に刺された。

この海舟の象山評は二重の意味でおもしろい。およそ窮屈な枠というものが大嫌いで、融通無碍《ゆうずうむげ》に生きている江戸っ子海舟の面目躍如たるものがある。それにくらべて、ここに語られる象山は少し分がわるいけれど、見方をかえれば、象山も己の生き方を断固貫く信念の人であることがわかる。象山にすれば、服装一つにしてもゆるがせにしてはならないことなのだ。
事実、象山はつねに黒一色の紋服を着用し、ふだんでも袴《はかま》をはなさず威儀を正している。その厳然たる様子に、これまた海舟は僻易《へきえき》していたらしい、辛辣《しんらつ》な批評を下している。

顔付きからして既に一種奇妙なのに、平生緞子《どんす》の羽織に古代袴の様なものをはいて、いかにもおれは天下の師だというやうに、厳然と構へこんで、元来覇気《はき》の強い男だから、漢学者が来ると洋学をもって威《おど》しつけ、洋学者が来ると漢学をもって威しつけ、ちょっと書生が尋ねて来ても、ぢきに叱り飛ばすといふ風で、どうも始末にいけなかったよ。

どうも、勝海舟はこの年長の妹婿とウマがあわなかったらしい。だが、実際、写真をみてもらえばわかるように、象山の容貌はなるほど「顔付きからして一種奇妙」などといわれるだけあって、なかなかの異相である。とりわけ広い額の下のけいけいたる二つの眼が印象的だ。いわゆる三白眼で、つねに人を刺すような眼光である。ユーモアのかけらもない。おまけに身の丈五尺六・七寸（一七二センチぐらい）の堂々たる体軀だったというから、黙っていても人に与える威圧感は相当のものであっただろう。そうして、おまけにあの鋭い眼付きである。普通の人間なら、まず恐れ入ってしまうだろうし、勝海舟のようなこれまた骨のある人物なら、それをこけおどしとみて反感を持つだろう。

しかし、象山にしてみれば、服装も日常生活も、すべて彼の理想とする封建的秩序の表現であって、芝居気というようなものはいささかもない、そうした徹底的な朱子学の実践者であったから、象山には大塩平八郎の乱の持つ社会的な意義が理解できなかったのである。

蛮社の獄

しかし、時勢の方は象山の理想とする封建的世界がまさに音をたてて崩れる寸前にまできていた。その象徴的な出来事がモリソン号事件である。これは、天保八年に、アメリカ船モリソン号が日本人漂流者をひきわたすために浦賀にまで接近し、幕府側から砲撃されるという事件である。

この事件に刺激されて、高野長英が『夢物語』を、渡辺崋山が『慎機論』を書いたのが翌天保九年のことであり、それを咎《とが》められて二人が投獄されたいわゆる蛮社の獄の起こったのが天保十年、つまり、象山が二度目の江戸遊学に出てきて神田お玉ヶ池に「象山書院」を開いた年のことである。

しかし、このころの象山関係の記録を調べてみても、象山がこの蛮社の獄でどう感じたのか、何か行動をしたのか、少しもわからない。何も感じなかったという可能性も大きい。高野長英や渡辺崋山は、洋学者としての象山の大先輩にあたることになるのだが、このころの象山は、まだ洋学に何の関心ももっていなかった。

高野長英

もっとも、長英の方はともかく、崋山の方とは、全く無関係とはいえないのかもしれない。崋山は洋学者であると同時に儒学者であり、象山の先生の佐藤一斎や、一斎とならぶ当時の江戸の大儒松崎慊堂の門人でもあった。その限りでは、象山は崋山と同門であり、つきあいがなかったわけではない。

しかし、崋山の事件について、すでに先生筋の一斎と慊堂との間に態度の差があった。松崎慊堂は、長英・崋山のことを本気で心配していろいろ奔走するのだが、民間の一儒者だからあまりたいした力はない。

一方の佐藤一斎は、幕府官学の主宰者なのだから動けば大きいのだが、こちらはいっかな動こうとしない。疑獄の指揮をしている目付の鳥居耀蔵《ようぞう》が林家の出身で、一斎からみれば弟子でもあり主筋の息子でもあるという関係だから、それへの配慮もあったのだろうが、そもそも一斎という人物が、権力にたてつくことなどできないのだとも考えられよう。

象山はこのとき、何も発言してはいないが、明らかに慊堂側ではなく一斎側にあった。何もしていない。何もしていないということが、一つの態度であるわけだ。

渡辺崋山

しかし、これは象山を咎める方が無理なのかもしれない。よほど時事に深い関心がなければ、蛮社の獄などとるにたりないほんの小さな事件で、日の出の勢いの若い秀才儒学者にはほとんど気にもとまらなかったというのが事実に近いだろう。

モリソン号事件にしても、日本側の知識としては、浦賀に立ち寄ったどこの国の船ともしれない夷船を、幕府の打ち払い令に従って撃っただけのことで、そんなに大問題だとは思っていない。その船に日本人漂流者が乗っていたことなど、翌年にオランダから通報があってはじめて知ったのであって、しかも、そのニュースは民間には洩《も》れないよう統制されており、長英や崋山は特殊ルートで入手したのだった。そうした時事に関心のない人物にとって、この間近に迫った日本の危機を象徴する事件も無縁の事柄なのである。

このころ、象山は、隣人の梁川星巌やその妻の紅蘭たちと詩を作ったり文章を見せあったりする生活を送っていて、まだその眼は日本全体はむろん世界にむかって開かれていなかった。のちの勘定奉行となって幕末政局で重要な役割を果たす川路聖謨や、同じく勘定方で活躍する羽倉簡堂なども、学者として早くから名を知られており、象山とも交渉があったが、話題が海外との関係にまで及ぶことは少なかった。

アヘン戦争1　中国敗る

しかし、天保十一年（一八四〇）に中国でアヘン戦争が起こると、その衝撃は思いがけないほどの早さと強さとで日本に伝わってきた。儒学者にとっては、自分たちの学問の発祥地、文化的には比較を絶した大国であり、歴史の古い国でもあるあの中華の国が、夷狄《いてき》の国イギリスに、いとも簡単に打ち敗かされてしまったのである。

もっとも、このときの中国をどうとらえるかは、むつかしいところである。時の天朝、清朝は、伝統的な漢民族王朝ではない。北方の野蛮人、満州族の王朝である。しかしその王朝は成立後すでに二百年を経過しており、しかも康熙《こうき》（一六五四―一七二二）、乾隆《けんりゅう》（一七三六―一七九九）というような、長い中国史上でも最高だったと評される治世をもっていた。清朝は、夷狄の出身でありながら、漢民族以上に中華ぶりを示し、自分たちは中国の文化を体現していると確信しはじめていた。

儒教も康熙帝時代の『康熙大字典』、乾隆帝時代の『四庫全書』八万巻などに代表されるような大編纂事業に刺激されて、清朝考証学と呼ばれる新しい学問の気風が成立し、それが日本にも影響を与えていた。日本から見ていると、やや客観的に、あれは夷狄が作った国ではないかと冷静な目をむけることも不可能ではないのだが、しかし、清朝時代になってからの文化は、やはり、東シナ海を超えて日本に及んでおり、日本はそれに頭が上がらない。

その清朝中国も鎖国していた。日本が貿易港を長崎一港に限ったように、中国でも広州一港に限っていた。

ただし、他の条件は大きくちがう。日本が、中国人の外にはヨーロッパはオランダ人だけに限定していたのに対して、中国にはそのような制限はなく、イギリス人もフランス人もアメリカ人も来ている。それに、広州では何かと制約があっても、すぐそばにマカオというポルトガルの獲得した土地があって、これを併用すれば、日本の長崎とは比較にならないほど自由かつ盛んな交易が可能であった。

それに、海外へ出る条件が、日本人と中国人とでは異なる。日本人は完全に封鎖されて、うっかり船を出せば命がないのだが、中国人は、長崎に中国船が来ていることからもわかるように、外へ出て貿易ができ、東南アジア一帯には中国商人が大きな勢力をはっていた。

ヨーロッパとの文化的交流も、日本とはくらべものにならない。早くから、ヨーロッパ文献の中国語訳だけでなく、中国文献のヨーロッパ語訳が行われ、明《みん》や清《しん》の中央集権体制が、フランスのルイ王朝など絶対主義体制の形成に影響を与えたといわれるほどである。

鎖国以後の日本は、洋学の点でも、このようなヨーロッパと中国との文化交流のおこぼれにあずかっていたのだった。享保の徳川吉宗のときに洋書輸入を認められたのが、漢訳洋書であったことからもわかるように、日本では、中国で中国語訳された洋書を漢文として読んで、それでヨーロッパのことを勉強していたのである。

あとで象山が最初に読むのも、この漢訳洋書だった。いわゆる洋学者といわれるものの多くは、やはり同様である。原書が読めるのは例外中の例外だった。象山は、一念発起して、その例外中の例外へ進むのだが。

アヘン戦争 2
夷狄恐るべし

その中国が、アヘンを密貿易で売りつけられることによって、輸出超過国から輸入超過国に転落し、多年蓄積してあった銀が、どんどん国外へ流出しはじめた。アヘン吸飲の習慣は国民の健康にも大きくひびき、このままでは清朝としては税収入も確保できなくなる。そこで、すでに腐敗しくずれかかった権力ながらも、清朝はアヘンの輸入禁止を貫こうとした。

林則徐によるアヘン焼却に代表される強硬措置がそれである。これに対して、イギリスが、議会の多数決で中国に武力を行使することを決め、軍隊を送って攻めたてた。火力に格段の差がある上に、首都北京に近いほど防備体制は手薄になってしまっている清朝は、黄河口まで軍艦を乗りつけられると、あっけなく屈伏してしまった。

中国敗戦のニュースと、その敗戦の原因とをいち早くつかんで、日本も何とか早く手を打たねばと、幕府に建白したのが長崎の町年寄だった高島秋帆である。

高島家は、長崎の海岸を警備する台場の一つを代々の職務として預かっており、その上、父の代

武州徳丸原における砲術調練（徳丸原銃陣図）

から研究熱心で、私財を投じて新しい大砲をオランダから買い込み、またあわせて砲術の研究なども行ってきた。その知識と経験にもとづいて、洋式銃砲の採用を建白したのが、アヘン戦争の開始と同じ年の天保十一年のことである。

幕府は高島秋帆の意見書をみて、本気でとりあげるつもりはなかったけれども、秋帆が幕府の鉄砲方の知らない技術を知っているのは幕府の権威を維持する上で好ましくないからと、江戸へ呼びよせてその実技を検分することにした。

天保十二年（一八四一）五月の、武州徳丸原における高島砲術調練がそれである。この調練は見る目のある人たちを感歎させた。しかし幕府は公式にはいっこうに感服せず、しかし秋帆に対しては、旗本の一人だけに限ってお前の知っている全技術を伝授せよと、奇妙な命令を発している。そうして、このとき志願して伝授を受けたのが、伊豆韮山《にらやま》の代官江川太郎左衛門英《ひで》竜《たつ》だった。

しかし、秋帆は陥れられた。おそらくは幕府の鉄砲方や保守派目付の鳥居耀蔵らが共謀の上だろう。長崎貿易に不正の取り扱いがあったとの疑いをかけられて投獄され、それからペリー来航のときまでの十数年間、自由を奪われてしまうのである。

高島秋帆が徳丸原で砲術調練をしてみせた天保十二年に、江戸では、もう一つ大事件が起こっていた。この年の閏《うるう》正月に、大御所家斉が死んだのである。十二代将軍家慶は、やっと自分の思うままの政治を行う立場を獲得した。そこで、老中水野越前守忠邦に命じてやらせるのが、かの幕府の天保改革である。株仲間の廃止、菱垣廻船・十組仲間の解散、印旛沼・手賀沼干拓強行などで知られるあの改革である。

この天保改革に際して、松代藩主の真田幸貫が新しく老中に任命された。水野忠邦の信頼が厚かったのである。老中に抜擢されるのが天保十二年の六月、そうして、その翌年の天保十三年（一八四二）に、海防掛を担当することになって、象山に、海外事情調査を命じたのであった。

天保十三年といえば、象山はすでに三十二歳、いよいよ象山の出番である。

II

「西洋芸術」の探究

彼を知り己を知る

洋学の洗礼

江戸での象山の新たな生活がはじまった。藩主真田幸貫の信頼にこたえるため、さっそく西洋学の研究に手をつけるのである。交友関係に、当時江戸で名高い蘭学者、箕作《みつくり》阮甫《げんぽ》や鈴木春山の名がみえはじめる。もっとも、象山自身は原書が読めないから、漢訳洋書からはじめたことは前に述べたとおりだ。それに加えて、魏源など、中国の学者の時務策も読んでいる。

この天保十三年の八月、象山は、江川太郎左衛門英竜の門に入った。英竜も一風変わった人物で閉鎖主義の傾向もあったから、はじめは象山の入門をなかなか許さず、江川の上司にあたる勘定吟味役の川路聖謨の尽力でやっと入ることができた。

このころの象山は、洋式砲術のことは何も知らなかったので、高島秋帆直伝の江川の砲術をみて大いに感心し、友人加藤氷谷宛にその次第を次のように書き送っている。

ちかごろ、伊豆韮山の代官江川太郎左衛門に会って、フランスの火器のことなどについて教えてもらいましたが、これはどうもわれわれの知っている砲術とは格段の差があるかと思われます。彼を知り己を知るのが兵学の根本ですから、まず、ヨーロッパ人の得意とする武器や戦術について究め、その上で敵に勝つ方法を定めようと決意し、江川の門に入りました。

象山がもっとも感心したのは、洋式砲術が徹底的に実戦むきにつくられていることだった。彼はフランスの火器をみて、これほど実戦に有効な武器は、現段階では他にないだろうと断言している。象山の偉いところはそう思うとさっそく藩に進言してそれを実地に試していることである。足軽を借りうけて銃陣を習わせ、隊列の展開かけひきなど、実際にやってみて、とくに実戦にむいているのは火縄なしに撃てることだといっている。

そうして、さらに火器そのものの工夫よりも、その火術をいかに使いこなすかということが決定的に重要な問題であり、かついまの日本の防備体制にはその点がもっとも欠如していると指摘する。江川塾に入門してまもない時期にこれだけ大局的な考察ができるのだから、さすがに象山である。

だが、そういう象山だけに、のちに自分で原書による研究ができるようになると、江川太郎左衛門に対する不満がだんだん大きくなってきた。後年彼が著した『省諐録《せいけんろく》』の中では江川をてきびしく非難している。

某地の県令某氏は、少々の才能はあるようだけれど、西洋学の知識はなく、西洋陸戦の保塁図をみて、陸戦・海戦の区別もわからぬままに、砲台の案を作っている。幕府当局も、よく検討もしないでその案どおりに砲台を建造してしまった。私ははじめからその役に立たないことを知っていて、何度も川路聖謨に忠告し、川路も理解してくれたようだが、結局何の手も打たなかった。なげかわしいことだ。

江川英竜と

韮山の反射炉

と。むろん「某氏」というのは江川英竜のことである。『省諐録』は安政元年（一八五四）に書いたものだから、この段階の批判を、まだ洋式砲術研究をはじめたばかりの江川にあてはめるのは酷かもしれない。だが、もともと象山は江川と気があわなかったようである。

江川英竜の砲術教授法は、彼自身の体験にもとづいていて、門弟たちにまず山野を歩き回って身体を鍛えることを第一条件とし、学理の教授などなかなかしてもらえない。こうした点が象山には不満だった。象山は急いでいるのである。彼の知力をもってすれば、砲術学理の中枢にすぐにでも迫り得るという自負がある。それを他の門弟と一諸にされて、足腰の訓練などに時間を浪費させられたのではたまらない。そう思った象山は、あっさり江川塾をやめてしまった。

エリートの自覚

江川の門を出てからは、やはり幕府の砲術家の下曽根金三郎のところに入門した。こちらは江川のように秘密主義でなく、貴重な文献なども惜し気もなくみせてくれるので、象山は大いに感謝している。ただし、象山が下曽根のところへ行くのは、いま少しあとのことだが。

その間の事情を、象山は嘉永三年の母宛の手紙で次のように述べている。

江川英竜は砲術の伝書を人に見せるのを惜しんで、皆伝をもらうのに三年から五年もかかるというようなことは怪しからぬことです。私などのように外に大きな目的があるようなものは、他の並みの門弟と同様鉄砲を打つことで一生送ろうなどとはさらさら思っていませんから、下曽根殿の所へ参りましたら、それほど見たいのならと、すぐに伝書をかしてくれました。

実際、学問・技術は公開すべきだとの意見は、もともと象山の本音で、秘伝・秘書のたぐいは、学問の進歩をさまたげると考えていた。後年（嘉永六年）門弟島津三郎に与えた「西洋三兵砲術真伝免許状」には、その考えがはっきり示されている。要するに、

西洋砲術を自分が講習するのは、ひとえに天下国家のために少しでも力を尽くそうということであって、世に出て人を見下すためではない。だから、いくら苦労して発明した業《わざ》といっても、それをかくしたりする気は全くない。日本の国内で砲術に秀でたものが一人でも多くなるよう、それが私の志である。

というのである。

海防八策

それはともかくとして、自分で漢訳洋書を読んだり、江川に砲術をならったりして、この天保十三年のうちに、象山は一つの意見をまとめた。おそらく九月の下旬ごろに、藩主幸貫に宛てて提出した「海防八策」がそれである。いつ提出したのか日時がはっきりせず、八策の上書文そのものも、いまのところ見当たらないのだが、あとで同年の十一月に提出した海防上

書に、先に提出した「八策」が要約引用されている。これは、象山の一年たらずの「西洋芸術」研究の成果を示す重要な意味をもっているので、その要旨を少し詳しく掲げておこう。

一、諸国の海岸で要害の地に砲台を築き大砲を常備して、非常の時に応戦できるようにしておくこと。
二、オランダとの交易で銅を国外へ出すことをしばらくやめて、その銅で西洋流の大砲を鋳造し諸藩に分配すること。
三、西洋流の大船を造り、江戸廻送船にあて難破などせぬようにすること。
四、海運取り締まりの役人は人選に留意して、異国人との通商は勿論《もちろん》、海上一切の問題について不正がないよう、厳しく糾《ただ》すべきこと。
五、西洋流にならって軍艦を造り、海戦の法を十分に習練すること。
六、どのような片田舎にも、学校を興し、教育を盛んにして、愚夫・愚婦までが忠孝・節義を弁《わきま》えるようにすること。
七、賞罰は明確にし、幕府の恩威がますますあらわれて、民心が団結するようはかること。
八、能力に応じて人材の登用をはかること。

この建言の中でとくに注目しなければならないのは、やはり、海軍を作らなければいけないという意見であろう。ヨーロッパが軍艦で攻めてきたとき、沿岸の砲台や陸軍だけでは、どうしても守りきれない。軍艦は、出没自在で、どこにでも攻めこめるのだから、本当に日本を守ろうと思えば、海岸線に隙間なしにびっしり砲台と軍隊を配置しなければならないのだが、そんなことはむろん不可能である。だから、こちらが軍艦を持っていなければ、日本のような島国は守れはしないというのである。

西洋式の火器を大量に造ることと、洋式軍艦を持つ強力な軍隊――つまり近代的海軍を早急に育成しなければならないという海軍論は、少しおくれて横井小楠も強調しはじめ、勝海舟がそれを実現していくのであるが、この段階では、象山の建言は全く無視された。

天保のころの幕府には、あの高島秋帆の洋式調練すら理解できなかったのだ。しかもその高島秋帆は処罰されてしまった。秋帆は海軍のことなど何もいっておらず、海岸砲台を洋式にしなければと主張しただけだ。

象山がこのとき、我身の危険を感じずにこれだけの意見をいえたのは、ひとえに彼が幕府老中の相談役として、その諮問に答えた上書だったからだ。しかし、身に危険はないが、せっかくの秀れた建言は結局何も実現されないままに終わった。

しかも藩主真田幸貫は、天保十四年に海防掛から勝手掛に転じ、ついでその勝手掛も辞め、翌弘化元年（一八四四）には老中職そのものを辞任してしまった。これは、水野忠邦の天保改革が失敗に帰し、そのあおりが幸貫にまで及んだのである。

これで象山は、藩主をてがかりにして自分の意見をまっすぐ中央政治に届かせるという道を閉ざされてしまった。だが、象山にとって、この短い時期の勉学は彼の学問に決定的な転期をもたらした。何よりも、象山が翻訳書によるとはいえ、西洋兵学の研究をはじめたことの意味が大きい。

言葉をかえれば、兵学であったからこそ、象山は率直に西洋学の優位を認め得たのだ。兵学の場合、理論よりも実戦における有効性が最優先する。その上、アヘン戦争によってひきおこされた危機感が、ごく一部の識者の間だけとはいえ、何よりも、実戦の有効性を意識させはじめた時代である。

ともあれ、こと兵学に関する限り、文句なしに西洋の方が秀れているということを認識すれば、それがやがて、西洋科学の全般に及ぶのもそう時間はかからない。このあと象山は漢訳書による研究だけではもどかしいというので、大発奮して語学を学び、原書による科学技術を学びはじめるのである。そのとき、象山の念頭には兵学と同様、つねに実効性ということが念頭にあった。

郡中横目

それより少し前の天保十四年の十月、象山は、松代藩の郡中横目を命じられている。

郡中横目というのは郡奉行の補佐役であるから、奉行につぐ重職といえよう。いままでの海防顧問とはずいぶん性格のちがう職務ではあるが、これは藩主真田幸貫の象山に対する配慮であろう。この年、幸貫はまだ老中在職中ではあったけれど、担当は海防掛から勝手掛にかわっていたから、象山の海防顧問的な仕事も、公《おおやけ》には不要となったため、これを機会に幸貫は象山を藩の官僚としての出世コースにのせてやろうとしたのだ。つづいて同年十二月に、従来の五両五人扶持から一挙に百石高という佐久間家中絶以前の石高に戻してもらっている。このあたりにも幸貫の象山に対する期待の大きさがうかがわれる。

ただ、象山にとって困ったことは、郡中横目となったからには、松代に帰らねばならない。郡奉行の補佐役なのだから、領内を巡視して、施政の監察をするのが仕事である。だが、象山には、このまま松代藩にとどまるつもりは全くなかった。何といっても、西洋学の研究は緒についたばかりだ。

象山は国許に帰るのに先立って江戸で藩主に会い、いましばらく江戸に滞在して科学技術の研究をしたいと申し入れている。しかも、それはたんなる研究ではなく、やがて藩政改革をやるための準備だというのである。幸貫もそれはわかるが、国許の藩政は重役にまかせてあるから、重役を説得できれば江戸に戻ってよいと許可する。

この藩主の言質をたてに、象山は国許の重役たちをあいてにねばった。象山の江戸滞在という個人的なわがままもさることながら、その滞在の目的である藩政改革のプランそのものが、重役たちをしぶらせたのである。

この藩政改革についてはあとで詳しく述べるが、重役たちの説得にあたって、もし自分の改革意見が用いられなければ、自分は松代藩にとって無用の人物だから、江戸や上方で学問によって身をたてたいとまでひらきなおっている。この強引さと藩主の内諾を得ているということで、象山は、ともかくも形だけの諒解をとりつけて、その年のうちに江戸へひきかえしてきた。

これからしばらく、象山の関心は、西洋兵学から発展して西洋科学にむけられる。

オランダ語研究

勇躍江戸に戻った象山は、いよいよオランダ原書による洋学の勉強を開始した。そのそもそもの動機は、坪井信道のところでオランダ砲術書をかいまみたのが機縁だと伝えられる。

坪井信道は宇多川榛斎の弟子で、当時蘭方医学研究の第一人者である。この坪井信道の紹介で、彼の家塾の塾頭黒川良安にオランダ語を学ぶことになった。

黒川良安は子供のころから医学修業のため長崎に遊学し、高島秋帆や緒方洪庵らの指導をうけて、医学のほかに洋学全般にわたって勉強をつづけ、江戸に帰ってからは坪井の門下に入ったのだが、坪井信道はその実力を高く買って、即日良安を塾頭にしたという。こと蘭書の読解力においては、師の坪井信道や高名な伊東玄朴をはるかにしのいでいた。少なくとも、象山はそう思っていた。

象山は、この黒川良安にオランダ語を学ぶかわりに、彼に漢学を教えている。いわゆる交換教授

HUISHOUDELIJK
WOORDENBOEK.

百科全書

である。象山は十分満足したらしく、年少の良安を先生と呼んで尊敬し、のちに、彼を松代藩に招聘《しょうへい》したいとすら考えたようだが、良安は加賀藩の招聘をうけたのでそれは果されなかった。

ともあれ象山の蘭書解読は急ピッチではかどった。はじめは、カステレインの土性に関する部分を、一日三枚の割合で読み進んでいる。そうして、そうした語学の勉強と併行して、さまざまの化学実験もやってみた。教科書はこの年――弘化元年――の春に、藩に四十両出して買ってもらったショメールの百科全書である。これはフランス人ショメールの著述をオランダ語訳したもので、このころの洋学知識の源泉となったものである。

この百科全書の実験方法にもとづいて、象山はギヤマン＝ガラスをつくってみると、オランダ渡りの品そっくりにできた。象山は大喜びである。そのほか、この百科全書に出ていることをすべて試してみたいのだが、実験装置とか実験材料の購入に少なからぬ金が要る。

そこで、象山は縁故をたどって借金の申し込みをするのだが、さすが象山だけあって、借金依頼の手紙も堂々たる文面である。たとえば、縁者塚田源吾に宛てた手紙では幸貫様からは重要な役をいいつけられており、またそれだけでなく天下にその名を知られている私のことですから、借金をして不義理をするようなことは絶対にありません。私が借財をするのは、いろいろ計画があることであって、それが形をとるまでは人はあれやこれやと批判がましいことをいいたてます。だから結果的には藩の利益になることは確実ですけれど、しばらくは私一人の判断によってやっていることにしたのです。けれども、結局は幸貫さまのことを思い、なお御領内、いや近領までその恩恵をうけることができるような計画なのですから、このたびの借財申し込みを聞いてくだされば、それは私一人のためというのではなくて、藩全体のためということになりましょう。その点をよく考えてみてください。

というふうに、借金を申し込む際にも、現在の研究が必ず藩財政の拡充に寄与するのだとの自信にあふれている。ただこのころの象山の悩みは、資金不足ということだった。これはその後も象山についてまわる。

殖産興業の実践

弘化元年十月、象山は短期間だが松代に帰藩した。郡中横目の職責を果たすためである。約半月にわたって領内高井郡の鞜野・湯田中・佐野の三村を視察してまわった。このときの報告書が『鞜野地方における殖産興業と弊害除去について』という意見書である。

この意見書から、象山の殖産興業構想の一端を知ることができる。それは、水利を興すことからはじまって、鉱山の開発、特産物の生産、田地の開墾、植林の奨励等々にいたるまで広い範囲にわたって、殖産興業のための施策が具体的に述べられている。

とりわけ、特産物の生産に着目して、その売買によって藩財政を豊かにしたいと思っていた。たとえば、明礬《みょうばん》とならんで緑礬が多量に埋蔵されていることがこのたびの調査によってわかったので、これを発掘して油に製練し、江戸に運び出すとよいとか、あるいは、空地を開墾して〝洋藷《ジャガタライモ》〟を植え、住民の食料とするかたわら余りの粉を諸国へ売り出したい、ここの土地に〝洋藷〟が合うということは実験によって証明されている等々、きわめて具体的な案が示されている。農業のみならず鉱業技術や地質学にまで、象山の洋学研究の及んでいることがわかる。

たしかに象山が、自分が考えている殖産興業のための研究は、みな古今東西の書物にまちがいなく明らかにされている事柄ばかりで、世にいう山師のたぐいが自分だけのひとりよがりで考えている夢物語とは全く別のものだといっているように、藩当局が藩をあげてとりくめば、不可能な施策ではないのである。

なおこのときの意見書には、更につけ加えて、安代・湯田中両温泉村の遊女を一人残らず追放しなければならない。彼女たちが農民のかせぎを吸収してしまっていると述べ、また、公用で出張してくる藩の役人が、里人の饗応をうけて遊興するのは怪しからん、酒は一切飲まず、一汁一菜という規則を厳しく守らなければならないと戒めている。

この調査のあと、象山は三村利用掛という臨時の職を兼務することになった。藩当局もいよいよ殖産興業に本腰を入れはじめたとみていた。だが、藩当局が本気になったといっても、象山の考えとは相当なひらきがあった。これだけの大仕事をするのだから、何よりも莫大な準備金が必要である。象山によれば三村利用掛という殖産興業掛を命じられたのであるから、当然資金の方の了解もとりつけたと思ったのであろう。

ところが、洋学応用のため再び江戸に戻った象山に、藩当局の財政担当者から、象山が金を使いすぎるという苦情がとどくのである。

藩との相剋

今日、象山のたてた殖産興業の全構想が残ってないので詳しいことはわからないが、象山の手紙によって、その案が実現すれば、年々「二万石半地」ほどの利益があがるのだというから、雄大な構想だったのだろう。そんな大仕事を藩の役人が理解できないのは

無理もない。象山にいわせれば

こんな大仕事のための準備なのですから、千両箱の一つや二つは、すぐに使いつくしても何ほどのことはないと、私は考えています。まして百両や二百両ぽっち、何ほどのことがありましょうか。

ということになる。

これは藩家老小山田壱岐に宛てた手紙の一節であるが、藩の無理解に対する憤りとは別に、象山の洋学にとりくむ抱負が生き生きと語られているので、いま少しその要旨を紹介しておきたい。

まず、象山の高らかな自負がある。

私は、いにしえの智識機略に秀でた人にくらべれば愚鈍な人間ではありますが、しかし、いまの世の中の尋常のものとはやはりちがっているということは自負しております。いや、尋常のことは不得意だと申すべきでしょう。けれども、天下の趨勢《すうせい》を知り、国家のために利益をはかり、弊害を除くというような策略をめぐらすことにかけては、常人よりも一日長じております。

というわけだ。

そういう高邁《こうまい》な自負をもって、大構想を実現するために、象山は西洋の学を勉強しているのだと力説するのである。

> いまだ人の知らない事業を興して利益を得ようとするならば、西洋学の応用が第一です。しかも西洋学の応用ができるためには、西洋の書物が十分にそろっていなければいけません。しかし、たとえ西洋の書物があったとしても、人が問題です。多年研究して経験のあるものが指導してはじめて、記されていることを活用できるわけです。

その指導者として研究をかさねている自分に、藩の役人がわずかな――象山にとっては――金のことで苦情をいってくるのが、たまらなくわずらわしいのであろう。あまり費用を惜しむようであれば、自分は三村利用掛の仕事も返上してしまうとまで、象山はひらきなおっているのである。

いままで引用した象山の言葉からもわかるように、象山の西洋学の研究はつねにその応用、すなわち実践を念頭に置いている。象山にとって、洋学の実践はイクオール政治を行うことにつながるのだ。そうして、目下のところ、象山の考える政治とは、藩政改革＝殖産興業である。それを徹底した西洋技術の応用によってなしとげようというのであるから、蘭学がまだほんのひとにぎりの人々にしか理解されてない時期にあって、さまざまの無理解や反発にあうのは当然予想されることだ。

だが、象山にはそれをきながに説得して、まず藩の役人たちを味方につけていくというような方法は望めないことだった。この段階では、何といってもまだ象山の能力を高く買ってくれる藩主幸貫が健在だったから、象山の強引な独走も何とか可能であったが、藩の重役や役人の間には、かなり象山に対する根強い反発が育っていた。これで、後年、象山は大変な損をするのである。

ビードロから養豚まで

藩当局の無理解と資金難に悩ませられながらも、象山の研究ははかどった。オランダの文法も弘化二年の二月中旬までにマスターしてしまった。前年の末に松代から戻ってすぐにはじめたというのだから、わずか二ヵ月で修得したことになる。あとは辞書さえあればたいていのものは読むことができると象山は語っている。

ただ、この年、黒川良安が両親の都合で江戸を去り、郷里に帰らねばならなくなったのは、象山には残念だったらしい。その後は坪井信道や杉田成卿のところへ疑問を正しに出向いている。

みずから原書が読めるようになると、象山の西洋学の研究は急ピッチで進んだ。以前から苦心していたガラスの製法が、このころやっと満足できるできあがりを示したと、藤岡甚右衛門宛の手紙で自慢している。弘化二年五月二十八日付の手紙である。

いままで日本では、おおむね硝石精を入れても破れないビードロは製造できないといわれていました。これまでも蘭学に精進した人がいろいろ試みたのですけれど、ついに誰一人も成功しませんでした。それで仕方なく船来品を求めていました。

だが私の思うには、西洋人といっても三面《さんめん》六臂《ろっぴ》でなく、やはり同じ人間なのです。また、日本人といっても片端《かたわ》者ではないのですから、よく書物を読み十分に考えれば、必ず同じようにできるはずだと確信してとりかかったところ、果たして何の苦もなくできあがりました。

象山の作った衝動機

そうして、そのできあがった品を家来にもたせて、城下の大きなビードロ店をまわらせ、これと同じような品が欲しいといわせると、どの店でも、そんな船来品はありませんといった。ただ一軒の店だけが、材質はオランダのものだが、細工は日本でつけたようにみえるから、大坂で造ったのだろうが等と困惑した様子だった。象山は、「とるに足りないことのようですけれど、日本でまだできなかったことを開拓したわけだから大変嬉しい」といっている。

　ただ、この成功に対して国許ではあれこれ非難がましいことをいう小人がいたようである。象山が自分の利益を追っているというのである。自分の個人責任で借金までして洋学を研究している象山にとっては、ずいぶん腹立たしい噂ではある。

象山の実験はガラスだけに終わらず、百科全書の全般にまで及んだ。薬品の研究、馬鈴薯の栽培、養豚なども熱心に試みている。一方、西洋兵学の勉強も、原書が読めるようになったので、より多方面にわたった。そうなると先にも少し触れたように、江川太郎左衛門の欠点が目につきだして、このころの海防意見には彼への批判が現れるようになった。

ともあれ、象山の江戸での準備は、やっと完了した。象山はみずから体得した「西洋の芸術」を、まず松代藩において実践し、「東洋の道徳」を行うために、弘化三年閏五月、ようやく江戸をひきはらって松代へかえったのである。

「西洋芸術」の応用

郡中横目に就任してから二年半を越えたいま、象山は勝算を胸中に江戸をあとにした。

松代へ

こんどの帰藩は短期間ではすむまいと、さすがにお玉ヶ池の塾も閉鎖した。ただ、帰藩に際して、江戸での実験道具の移動に苦労したようである。

とりわけ、豚である。江戸で実験的に飼っていた豚をそのまま連れて帰りたいのだが、いざそのときになると、豚が暴れて従来からの世話係だけでは始末できない。だから人を貸して欲しい、と藩邸に申し入れている。

養豚の例一つとっても、象山の殖産興業案は、非常に積極的な計画にもとづいていたことがわかる。すでに肉食の流行を予想しているのである。先に視察した三ヵ村で野草が利用されずに終わっているので、そこに牧場をひらく予定であった。そのために、あらかじめ百頭ぐらいの豚を実験的にてもとで飼育しておこうというのが、象山の計画だった。このことは、どうも象山個人の仕事として、私財を投じて行われていたようだ。肉食がまだ珍しいこの時期では、養豚牧場の構想など、藩当局になかなか理解されないと考えたのであろう。

やっと松代にひきあげた象山は、〝象山〟の麓にある生家が住むにたえないほどボロボロになっていたので、藩の御使者屋を借りうけることにした。

御使者屋とは読んで字のごとく他藩からの使者を泊めるための公舎である。現在の松代町の中心部、松代電報局の敷地に旧藩時代の鐘楼が残っているが、その東側すぐのところにあった。五十メートルくらいか。少しあとの嘉永三年（一八五〇）に、象山はこの鐘楼と御使者屋の自宅の間をつないで、日本最初の電信実験を行った。地もとの歴史家でもあり画家でもある高橋雲峰氏の筆になる電信実験の図が、鐘楼内部に保存されている。

象山は、この御使者屋で例の豚をふやし、江戸でやっていた洋学の研究をつづけたのである。一方、懸案の殖産興業に着手すべく、三ヵ村にしばしば足を運んだ。

だが、国許に帰っても、もともとよくなかった藩の重役との関係は、いっこうに好転しなかった。藩主真田幸貫が肩をもってやるのだが、それだけに重役の不満も内攻して、幸貫が死んだあと一挙に爆発するのである。幸貫もこれには気をつかっていたとみえて、このころ川路聖謨に宛て、象山という人物は「才智は非常にすぐれているのだが、惜しむらくは明徳暗く、それゆえに衆人とのつきあいがみな敵となり、集団の和気などは少しも心がけない」といって心配しているほどだ。

幸貫のそうした配慮からか、弘化四年の十二月、象山は郡中横目を免職となっている。象山としては、それ以前から日本遊歴を希望していたらしいが、さすがにそのわがままは許されなかった。だが、郡中横目をやめたあとも、殖産興業にむけた熱意はかわることなく、三村利用掛の職務を十分に果たそうとはりきっている。

鞜野村調査旅行 1
雨をついて

そのもっとも大がかりな仕事が鞜野村山地の調査旅行である。これまで何度か鞜野村に足を運んだ象山は、ここの山奥、上信越国境の山地に鉱石資源が埋蔵されているにちがいないとにらんだ。殖産興業の第一歩は何といっても鉱石の発見である。この山を踏査しなければという計画を、象山はながい間暖めていた。

嘉永元年（一八四八）六月九日、梅雨あけを待って、象山一行は松代を出発した。この年の旧暦六月八日はちょうど新暦の七月九日にあたるので、梅雨が終わればもう山も夏である。象山は鞜野村で、部隊を編成、案内人・荷物運搬人などぜんぶで十八人だった。調査旅行にしてはかなり大がかりだ。

梅雨は終わったかと思えたが、再び降りはじめ、雨の中を志賀高原をつっきって上州の草津に出る。ここでしばらく雨のあがるのを待って、野反湖《のぞりこ》を経て信州側へ戻りながら、山奥に踏み入った。道もなく相当の難行軍だったらしい。この間のことを象山はかなり詳細に記録している。その記録にそって、私たちもしばらくの間象山一行と一緒に鞜野の山をたどってみよう。

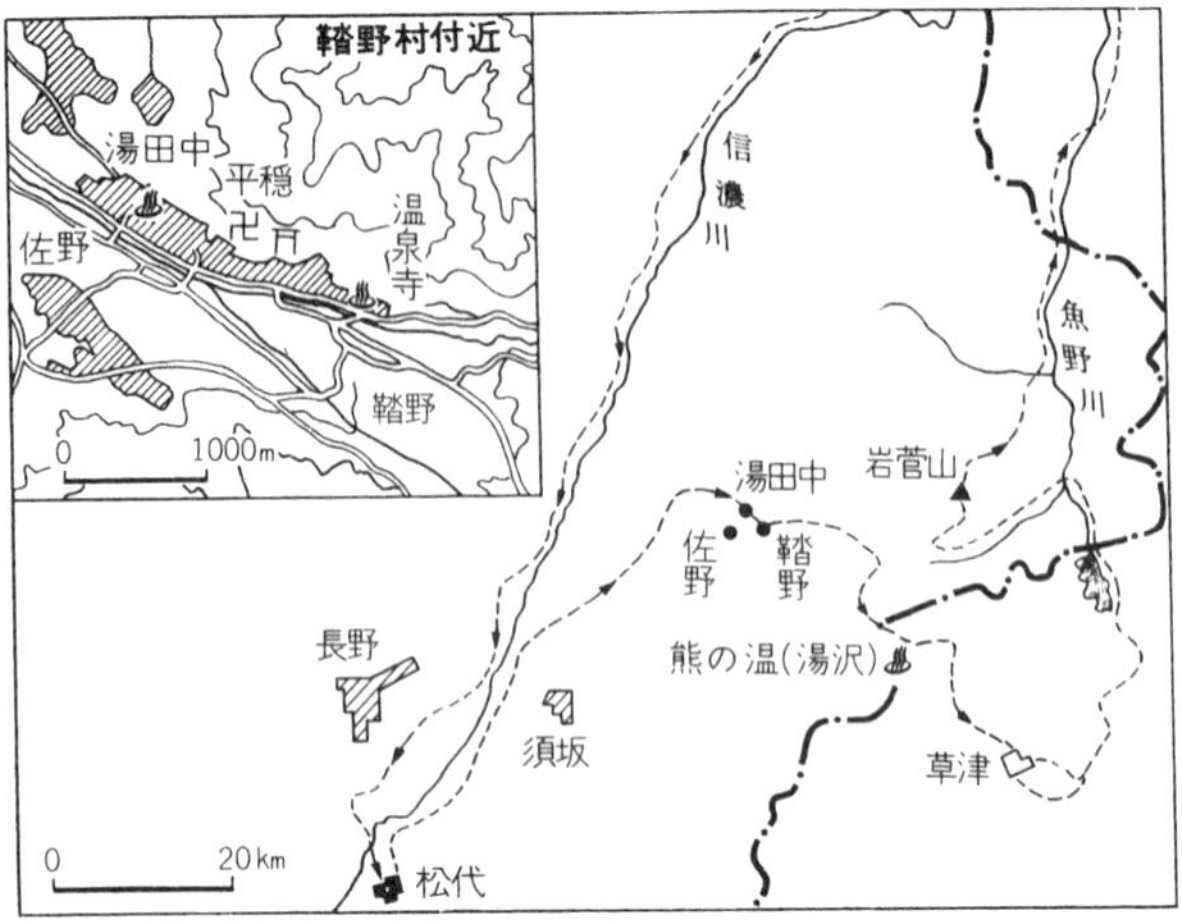

調査旅行、踏査地図

出発の当日、六月九日は雨がひどい中を夜八時ごろ、鞜野村渋湯組に到着。象山の判断によれば、このあたりは草津への往来の客で数少ない宿屋がけっこう混むので自分たち一行が泊まっては商売の邪魔になるからと、温泉寺に泊まった。人を人とも思わない象山の意外な一面である。

もっとも公私のけじめの厳しさは象山の持論であって、その夜寺の住持が酒を勧めてくれたの対して、「私は公務出張のときは飲まない」と断っている。ついでに従者たちも飲酒をかたく禁じられた。激しい雨の中の行軍だったから、普通なら妥協するかもしれないところだが、象山はあくまでリゴリストである。

翌十日は曇天なので山に入るのをみあわせる。ただし、象山はじっとしてはいない。佐野・湯田中・鞜野三村の役人を呼び集め、痩地に人参の栽培を行うよう命じたりしている。翌十一日も、鉄砲の練習をしたり、接骨木《にわとこ》をとってこさせて、西洋医学の調剤法で接骨木コンセルフという発汗剤を製造している。大量に栽培させて薬屋に売れば利益はかなりあるだろうと見込んで、空地に苗を植えるよう命じた。

十二日、やっと出発、草津泊まりである。象山は牛に乗った。途中、瞬時も油断なく地質の観察をつづけながら進んでいる。湯沢という名の温泉も発見している。象山は検温器で温度をはかって華氏百二十六度あることなどを知った。現在、熊の湯温泉の裏手に硫花のいっぱいついた渓流があるが、ここが湯沢らしい。途中で風雨が強くなり、仕方なく小屋がけする。象山はこのとき三十八歳であるから若いとはいえない。さすがにほとんど眠れなかったらしい。

鞜野村調査旅行 2

鉱 脈 発 見

降りつづく雨のため草津を出発できたのは十六日であった。ねばりにねばったおかげで天候はやっと安定する。魚野川渓谷をさかのぼって、松代を出発してから十日目に、やっとめざす鉱脈をみつけることができた。それから幾日間か、峰に登り谷を下りということをくりかえして、探査に余念がなかった。ときには山のあまりの美しさに詩などをつくったりしていた。

幽渓十二曲　翠壁千尋余
雲樹に葛蔓絡み　日影も隅を窺わず
中に驚湍《きょうたん》の注ぐあり　白竜争いて奔趨《ほんすう》す

霧は飛んで人を襲う如く　草木皆霑濡《てんじゅ》たり
我三伏の時に来たり　暫らく炎氛《えんふん》疎《とおざか》る
清風は鬚髪に灑《そそ》ぎ　爽気は襟居を集む
忽ち長眉の翁を見る　雲端に軒車を佇《とど》む
我に紫瑤の草を贈り　我に黄玉の書を授く
道縁已に浅からず　豈名跡のために拘わらんや
高揖して世人に謝し　自ら此に塵区を遁る

岩菅山の頂上をきわめたあとは、魚野川の流れに沿って越後まで出て、旧暦の七月七日に松代に帰り着いた。七月七日は新暦の八月五日である。だからこの調査旅行は六月九日から七月七日（新暦では七月八日から八月五日）とほぼ一ヵ月近くかかったのである。

象山の発見した鉱脈は、はじめは銀鉱だと思われたが、持ち帰った鉱石を分析してみると、あまり良鉱とはいえない。それでも銅鉱か鉛鉱としてはかなり使えそうだというので、相当の費用をかけて試掘をやっている。だが、なにしろ山奥のことなので思ったほどの成績があがらないうちに、上州との国境争いが生じて、翌年の八月には藩命によって中止してしまった。

象山は鞜野銀鉱引き払いについては強く反対するのであるが、結局、藩当局のことなかれ主義におしきられてしまった。殖産興業という象山の理想は、現実にはなかなか実現が困難であった。藩をあげて長期のとりくみを覚悟していれば成功したかもしれないが、象山の構想には、もともと反対の者が多かった。何よりも準備のための費用がかさみすぎるのである。また、象山がふりかざす西洋技術について理解できる者はごくわずかである。そういう灰色の現実がかさなって、象山は松代藩内の殖産興業計画に対する熱意をだんだん失っていったようにみえる。

佐久間騒動

そういうふうに象山の熱意を失わしめた原因に佐久間騒動があることはたしかだ。

この騒動は、象山の調査旅行と鉱山の試掘に人夫として徴発された農民たちがひきおこした一揆である。先の調査旅行で持ち帰った鉱石をもっと大量に欲しいと思った象山は、八月七日、手付の鶴作らを鞜野村に先発させて、人夫を徴発するよう命じておいた。ところが、湯田中の方は人夫を出したけれど、鞜野の方は断ってきた。一ヵ月前に人夫を出して、ながい山行きの伴をさせられたばかりである。日帰りなら応じてもいいが、いく晩も家をあける人夫はいやだというのである。

農民たちは百数十人がいくつもにわかれて松代までおしかけ、藩当局に訴え出ようとした。おもだったものは逮捕されたが、藩もほおっておけず、同心を鞜野村に派遣して事情を調べはじめた。

ところが、意外に根が深いのである。象山が三村利用掛として殖産興業の計画を実現すべく打った施策の多くが、農民にはいたく迷惑だったというわけである。

村方の不満は多方面にわたっているが、一番大きいのは、象山が冥加金の五倍ちかい値上げを命じたことであった。奥山をみてまわった象山は、木が切りすてられたままなのを心配して植林を考えつく。値上げした冥加金の三分の二を農民に下げわたして、それを植林の費用にあてればいいというのである。

この計算では、象山のいいぶんでは冥加金は実質的には以前とかわらないからいいではないかということになるが、村民にとっては、冥加金の五倍ちかい値上げはもちろん困るが、三分の二戻ってくるといっても、植林の費用にまわされるのだから、自分たちの懐に入ってくるわけではない。おまけに、藩有林の植林のために労働を強制されることになる。象山は「植林の労働さえよぶんにやればすむことだ」とすましていうが、村民の側にとれば生活に深くかかわる問題なのである。

そのほか、人参の増産のことや硝石の採集のことなど、象山が殖産興業の一環として考えついたことは、すべて農民の側の負担になっているのである。象山にすれば、収穫があれば当然農民の利益にもなり、藩財政をうるおすことになるという考えだが、現実に労働を強制される農民にはそれが通用しない。

意思の疎通を欠いていたこともたしかだ。象山は村民が「佐久間様御人足、佐久間様御人足」といいたてるのに怒って、自分の私用でなく三村利用掛として人足を徴発しているのであるから、藩命を拒んだ農民は処罰すべきだといきまいている。

ここの農民は、僻地に生まれて文字も知らない。およそ頑固ものであるが、反面もろいところもあるから、私が生殺与奪の権をもっていて、二、三人の悪党をとりおさえてしまえば、もめごとは片付くと思う。だが、利用掛という職権では、手綱をつけず鞭ももたずに暴れ馬に乗るのも同様だ。

といって、「二、三人の悪党」が煽動したために一揆がおきたように述べている。自分に取り締まる権限さえあれば、村民を屈服させ得ると考えているのである。

これは明らかに権力主義的だ。殖産興業を実施するということは、たしかに長い目でみれば農民にも益するところがあるだろうが、農民の生活はその日が勝負だ。非常に苦しいのである。そこのところの配慮を欠くと、せっかくの施策もみんな裏目に出てしまう。

この佐久間騒動で、結局、首謀者は押込み・所払い・過怠人足三十五日、軽いものは過怠人足十五日か御叱置などの処罰をうけて、その年の十二月落着した。

この事件は、象山にとってあと味のわるいものであったにちがいない。民政は「東洋の道徳」の重要な要素になっている。いわばそれに失敗したということは、象山の信奉する朱子学の成否にもかかわる問題である。

象山には格別の咎めはなかったが、こうしたことがかさなって、象山の殖産興業への熱意は次第にうすれ、兵学や蘭学に専念したいという希望が強くなってくる。嘉永四年（一八五一）に江戸居住が正式に認められ、三村利用掛の役から解放されるまでの三年間、象山はオランダ語字書出版を考えたり、相州海岸を巡遊したり、再び海防と洋学の研究に没頭しはじめた。

象山のような狷介《けんかい》な気性の人間は、多くの人々と協調しながらすすめなければならない民政の仕事よりも、強い個性を思うままに発揮できる知識人としての生き方のほうが、もともとむいていたのであろう。

象山の関心は松代藩から再び、日本全体に、そうして世界へと広がってきた。

なお、この嘉永元年十一月に次男恪二郎が生まれた。長男恭太郎は弘化三年に生まれたが、翌年死去している。

新しい兵学

象山は殖産興業にとりくんでいるときも、兵学への関心は失っていなかった。兵学は象山にとって「西洋の芸術」の原点でもある。そこから象山はヨーロッパの科学全般へと知識を広めることができた。それだけではない。兵学という学問がきわめて政治性をもつ時期なのだ。次第にせまる西欧諸国の侵略の危機感は、幕閣や諸藩の有識者にかなりの緊迫度をもって徐々に高まりつつあった。そうした状勢の中で、兵学の必要性は誰もが認める学問であった。いわば時代の脚光をあびはじめた学問であったのだ。

しかも、このとき要請された兵学は、徳川封建社会の中で、家学として伝えられた伝統的な兵学ではない。西洋の兵学なのである。西洋の兵学はつねにその実戦を想定した上で展開されてきた。だから砲術の修得が何よりも重要になってくる。

弘化二年のころ、先にも述べたように、辞書さえあれば自力でオランダ原書を読めるようになった象山は、砲術書の専門的研究によって、江川太郎左衛門の砲術が必ずしもヨーロッパ兵学の最先端をいくものではないことに気付いている。

この年、象山は藩の海防出動体制への疑問を意見書として提出している。藩の海防出動体制とは、幕府から各藩に臨時の防御体制として人員と武器を準備して、緊急の出動に備えておくようにとの布告をさしている。象山は、幕府の要請にこたえるために組織された松代藩の海防出動体制を検討して、それが実戦にむかないことを鋭く指摘している。

象山にいわせるならば、松代藩の出動人員が八十人ばかりなのに、「物持中間《ものもちちゅうげん》二十人」というのが、いかにも無駄だというのである。これではかりに出動人員が八百人になると、物持中間は二百人必要となってしまう。物見遊山ではないのである。

この論法でいけば、「又者《またもの》八十六人」というのもまた論外である。上級高禄の武士であれば先祖代々にわたって奉公させている家来がいるからいいけれど、下級の武士では、自分の家来を持っているものはほとんどいないのが実情だ。たとえ慌てて臨時に人足小者の類を雇ったとしても、命の危ない戦場ではかえって足手まといになるだけである。

だから、この出動体制では、戦闘要員は総人数の半分以下ということになる。兵士は、戦ってこそはじめて兵士なのであるから、役にも立たないものを大勢つれていって、いたずらに軍資を浪費するのは、全くばかげているというのである。

戦闘人員のことだけではない。「鉄砲二十挺ただし玉目四匁以上」といっているが、四匁の玉では、弱すぎて実戦の役に立たないし、また「大筒六挺、玉目百匁以上」というのでは、せいぜい五百匁くらいを考えているのであろうが、異国船渡来を防ぐためなら少なくとも貫目単位でなければお話にならない。オランダのような小国の軍艦でも八ポンド（一貫四十匁）から三十六ポンド（四貫九百四十匁）までの大砲を積んでいるのである。ホウイッツル、カルロンナーテなどの新式大砲はもっと大きいと聞き及んでいる。これでは撃ちあいの場合、敵の砲丸がこちらへどんどんとんできているのに、こちらの砲丸は敵方に届きもしないということになって、かえって嘲笑されるだけであろう。

また「幕十対《じっつい》」用意するというのも意味のないことだ。太平の世がながくつづいたので、外形ばかり飾る風習があたりまえになって、戦争をまるで行事か何かのように考えているのではないか。

幕などは必要な数だけでよい。

なかなか象山の批判は辛辣《しんらつ》だが、さすがに的を射ている。説得力もある。加えて、実戦において役に立つには、兵隊の訓練が何よりも大切で、前進後退を命じる金鼓の音が的確にききわけられ、指揮官の指揮どおり一糸乱れずに進退できなければならない。旗指物にしても、軍装や隊列を飾るためのものなど、大砲の照準になってしまうからやめてしまった方がよいと、徹底した機能主義、合理主義の見地から意見をよせている。

オランダ字書の刊行

松代で、象山は蘭書に自分の工夫を加えて大砲をつくり、試演もいくどか行っている。だが、象山にしてみれば、自分の兵学の知識を松代十万石の中に埋もらすのはいかにも惜しい。砲術は兵学の基礎ではあるが、それは海防論となってはじめて日本的規模のものになる。象山は日本的規模の仕事をしたくてたまらないのである。

そこで、象山はオランダ語字書の刊行を考えた。嘉永二年、象山は藩主宛の願書に

私は以前から海防策についていくつかの腹案をもっておりますが、実現となるとなかなか微力の及ぶところではありません。そんな私にかろうじて可能なことは、夷狄の侵略を防ぐ策として、ハルマ字書を他の良字書でもって増補校訂して、やすい値段で刊行することであります。

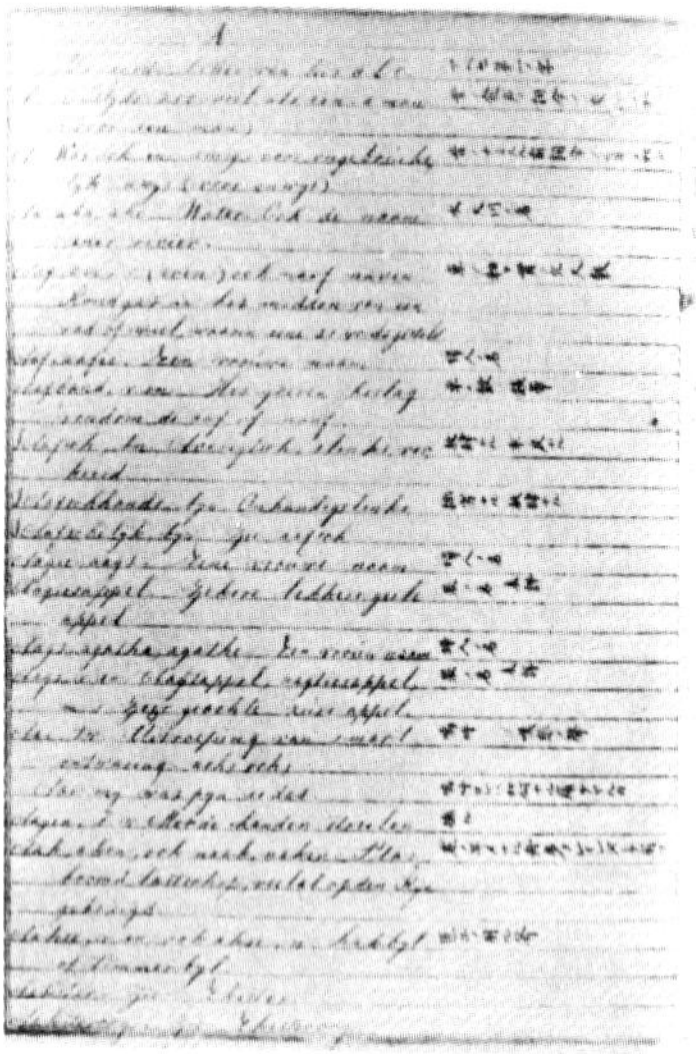

象山の増訂荷蘭語彙

と述べているように、辞書の刊行一つが、夷狄の侵略を防ぐための前提として意識されているのである。

ハルマ字書とは、オランダ人ズーフが長崎の通詞と協力して出版した字書のことである。はじめ象山は、このハルマ字書の私訳を、他の文献で増補校訂し、刊行は藩の手にゆだねることで藩主幸貫の手柄にしたいと考えていた。この字書の刊行がどうしてストレートに海防論につながるのか、しばらく象山の議論をみてもらいたい。

日本は四方を海に囲まれているので、つねに外敵の侵略の危険にさらされています。とりわけイギリスは日本を以前から狙っていますから、清国の愚行をくりかえさぬよう、日本は「彼を知り己を知る」ことにつとめるべきです。彼を知ることなくしては防ぎようがありません。

彼を知るということは、まず、西洋の言葉に通じ、西洋の学問・技術を究めてはじめて可能なのです。しかし、西洋の学問・技術といっても多数にわかれておりますから、少人数で究めることは困難です。

外敵の侵略を防ぐことは、日本全体が総力をあげてとりくむべき大事業であります。どんな大藩でも、一藩や二藩では問題になりません。

そういう観点にたてば、いまハルマ字書を刊行することで、西洋の学問を志しているものを大いに助け、西洋の技術はひろまるでしょう。当藩はむろん、日本全国に「彼を知る」ものがあふれ、防御策も自然にすぐれた策がたちます。天下は後世その恩恵をうけるのですから、ひいては幕府に対する忠勤となりましょう。

まことに理路整然としている。しかし、結局藩からは刊行を断られてしまった。もともと封建社会の中では、自藩のことだけ考える方が常識にかなっているのである。いや、むしろ正しくさえあるのだ。全日本的規模でものごとを考えるなどということは、一歩誤れば危険思想になる。幕府ににらまれるのが何よりも恐ろしいという御時勢である。

象山は刊行を断られたので向っ腹をたて、藩家老小山田壱岐にづけづけ文句をいっている。小山田壱岐は、藩内の洋学研究のためなら百両も出して五、六部写させたらよいといったらしいが、象山にいわせれば字書はつねに座右に置くものだから、何で五、六部で足りるものか、まして写本は誤植も多くなる。その百両を版木ができたあとの印刷につかえば、良本が八、九十部も得られるではないかというわけである。

また、小山田が、この出版事業によって藩が利益をむさぼっているようにみられると、御上《おかみ》の徳義に障《さわ》りとなるといったのに反論して、出版事業を行うことこそが、幕府に対する忠義となるのだから、徳義の一つに加えるべきである。壱岐殿があれこれ人の目を気にしているのは、まだ人物が不足しているからだ、見識が天地を貫いて、全日本的な利益をもたらすという根本さえしっかりしていたら、凡人どもが何をいおうと無視すればよい、凡俗劣悪な考えはすてて大局的立場に立ってもらいたいものだ、となかなかてきびしい。てきびしいが正論である。だが、この正論もとうとう藩の採るところとならなかった。一つには、藩も弘化四年の大地震の直後であり、財政的な面で二の足を踏んだのである。

権力の壁

しかし、象山は諦《あきら》めない。それなら自力で出版しようと方針をかえ、自分の知行百石を抵当にして藩に借金を申しこむのである。この資金貸与依頼のために、象山は藩主に上書を書いているが、さすがに藩主に宛てたものだけに条理を尽くし、切迫した感情を表している。

私はおかげさまで長年修業につとめ、和漢の学問にも通じ、オランダの学問も知るようになりました。現在は無役の身ではありますが、日本のため、後世のため、字書刊行の仕事だけは実現して、洋学を志すもののために役に立ちたいと念願しております。人の一生はくりかえしはできません。またその力にも限りがあります。私も三十九歳になりましたので、壮年のうちに是非とも成しとげておかなければと心急いでおりますが、版木を彫る資金さえ不自由しています、何とぞ勝手なお願いながら資金をお貸しいただきたく存じます。

結局、資金貸与のことはきき届けられた。藩老恩田頼母《たのも》などの尽力もあって、千二百両の資金が象山のもとに届いたのである。象山は大いに喜んで、嘉永二年の十月には江戸へ出て第一巻分の原稿を完成し、幕府にハルマ字書の出版許可願を提出している。

だが象山のみとおしは甘かった。幕府の許可がおりないのである。いらだった象山は、翌嘉永三年三月に再び出府して、老中阿部正弘に、例の「彼を知り己を知る」必要を説いた上書をさしだすのだが、ついに許可はおりなかった。この段階の幕府にとっては、一介の陪臣にすぎない象山が、日本的規模で政治向《む》きのことを論じるのすら、不敬だと思ったのだろう。こうして、象山が出版しようと苦心した『増訂和蘭語彙《オランダごい》』の原稿は、むなしく死蔵されてしまった。

冷徹な観察眼

さすがに象山はがっかりした。失意を慰めるべく、しばらく鎌倉に遊び、海路で江戸に戻ったが、その際、相州海岸の砲台をついでに見分して驚いた。江戸湾防備の目的にかなった砲台は一つもない。あきれはてながら、さっそくその旨象山は幕府宛に上書を書く、失意の旅であるにもかかわらず、つねに活力にあふれた象山である。

上書の冒頭には、ハルマ字書刊行不許可の件について、幕府への批判をかなりはっきり述べている。「彼を知る」ということが十分にできないようでは、いくら海岸の防御体制を油断なく行おうとしても、実際には役に立ちますまい、政府の方針としてまことに不適切な処置であった、といいきっている。

そうして、これにつづけて、相州防備体制の不備を遠慮なく指摘している。象山のみたところ、中江之島浦・八王寺の砲台から荒崎・城ヶ島・剣崎・大浦・浦賀の千代崎・観音崎・猿島などに築かれた砲台にいたるまで、どれをとっても江戸湾に乗り入れてくる夷狄の船を撃ち沈めることのできるものは一つもない。

象山は、それを最新の知識を動員して専門的な見地から詳しく証明している。要はどの砲台も射程距離が短いので、江戸湾に侵入してくる夷狄の軍艦にはとても届かないし、よしんばあたったとしてもほとんど損害を与ええないだろう。西洋の軍艦は速度が非常に速く、しかも装備が厚いから少々の砲弾をうけてもびくともしないはずだといっている。

しかも、西洋の火器は用途に応じてつくられているのに、それを無視して陸戦用のハンド・モルチール砲などを備えつけたりしているのは噴飯ものである。

およそ器械というものは、使用法をまちがうと何の役にも立ちません。日本の武器でも、鎌槍は鎌槍、直槍は直槍、薙刀《なぎなた》は薙刀とそれぞれの用法があって、それをまちがって使えば武器としての用をなしません。

西洋の火器についても同様です。それぞれで作られている目的に従って使用してはじめて威力を発揮します。これが「彼を知る」ことの重要なる所以《ゆえん》であります。

彼の技術を究めつくした上でさらにわが方の工夫を加えれば、すばらしい効果をおさめることができるでしょうが、彼の技術さえもよく知らないでなまはんかな使い方をしたのでは、いかなる利器といえど、益はなくかえって害になるでありましょう。

象山の批判はさらにえんえんとつづく。専門知識を動員して完膚《かんぷ》ないまでにやっつけているのである。だが、象山の卓越している点は反論のしようもないほどの批判を加えたあとで、必ず自分の案を示すことができるということだ。

象山の腹案によれば、江戸を守るためには千代崎砲台のみを浦賀港の守備用に残し、あとの砲台は全部撤去し、改めて品川沖の中洲と佃島の前の洲に、それぞれ百五十ポンドのカノン砲をはじめ、強力な大砲を装備し、夷狄《いてき》の船が侵攻してくれば、両方から同時に砲撃できるので、守備はうまくいくだろうというものだ。

しかし、夷狄は必ずしも江戸湾ばかりからやってくるとは限らないのだから、前から主張しているように、結局は西洋と同様、堅固な軍艦を造るしか日本の安全を守る道はないのではないか、と述べている。

こうした海軍の必要は、今は、西洋の書物で兵法を研究している者には、いまや常識である。これを怠る為政者は罪を犯すことにすらなります、というふうに結んでいる。この上書は、三年後のペリー来航の際、正しさを証明されるのであるが、この段階では誰も信用しない。信用しないどころか、幕府の咎めを恐れて、この上書は藩当局から差しとめられてしまうのである。

このあたり、象山は先駆者の悲哀をいやというほど味わっている。なまじ、思想や学問を現実の政治に役立たせようとするだけに、象山はいつも現実の壁につきあたってしまうのである。

だが、政治上の失意にもかかわらず、象山の砲術家としての名声は、ようやく高くなっていた。江戸藩邸に滞在していると、彼に砲術の数えを乞うものが続々とつめかけてくる。しばらく、兵学家としての生活が江戸でつづけられた。

お玉ヶ池種痘所

砲術や殖産興業の面だけでなく、他のいろいろな点でも象山は先駆者であった。電信の実験や養豚については前に述べたが、種痘もずいぶん早い時期に試みている。息子の恪二郎に種痘したのが嘉永二年の十二月のことであるが、モーニッケによる牛痘接種の成功が蘭方医の間に喧伝《けんでん》されたのは同じ年なのである。江戸では、幕府の外科・眼科を除く蘭方の禁止令が出たばかりであるから、公式の種痘は行われてなかった。

その時期に、それこそ掌中の珠のように大切な跡取り息子恪二郎に試みたのだから、西洋医学に対してなみなみならぬ信頼をよせていたわけだ。翌年、松代藩士にも種痘をやっている。さすがに希望者はごくわずかだったらしいが。

ついでにわが国における種痘の歴史について触れておくならば、安政四年（一八五七）になって、種痘館設立の声が蘭方医の中からおこってきた。その蘭方医の中には、箕作阮甫・伊東玄朴・竹内玄洞・林洞海・三宅艮斎・大概俊斎らの名がみえる。彼らは神田お玉ヶ池の川路聖謨の土地を借りて、ここに種痘所を設立しようと川路を通じて幕府に働きかけた。このときの老中は運よく〝蘭僻〟とあだなされるほど蘭学好きの堀田正睦であったから、翌五年に許可がおりた。

記念碑

そこでさっそく江戸在住の蘭方医八十余名が金を出しあって五百八十両金を集め、いわゆるお玉ヶ池種痘所を開設したのである。幕府がそれを幕府直轄にしたのは、万延元年（一八六〇）というから、新しいものに対していかに幕府が臆病であったかがわかるだろう。ちなみに種痘所は、翌文久元年（一八六一）には西洋医学所と改称され、その後、医学所、大学東校、東京医学校などと名前を改称し、今日の東京大学医学部の前身となった。

象山の方は、嘉永二年に、種痘を息子に試みて以来、種痘の有効性を説いてまわり、安政三年には、

牛痘の種法は生まれたばかりの赤子からおとなにいたるまで、いつでも時をえらばず施しても、万に一つも悪症を発することはなく、ただ膊に種えた痕だけが残るのだから、顔に痕の残るおそれもない。小児が大厄をまぬかれる最上至極の良法である。いまこの良法があるのに用いることなく、子供に流行の疱瘡《ほうそう》にかからせるような親がいるとしたら、これは親の慈愛が薄いと非難されても仕方がないだろう。

という一文を起草して、藩内に何とか種痘を広めようと努力している。そのおかげで、二年後に先の種痘所が設立されると、松代藩からも館三郎が入門し、免許状をもらって帰ってきたので、翌六年には、少し前まで象山が仮の宿にしていた御使者屋を仮種痘館として、藩公認の種痘をはじめた。こんなところでも、象山の蒔いた種は育っていたのである。

予言の成就

義兄、勝海舟

　象山が砲術教授の看板を江戸で掲げたのは、嘉永三年（一八五〇）七月である。

　このときはまだ江戸居住が許されておらず、深川の藩邸を根城にしていた。この藩邸へ、砲術指南をうけるために、諸藩の藩士が続々とつめかけた。豊前の中津藩士七十名が入門し、象山も芝二本榎にある中津藩邸に出稽古に行って洋式訓練を教えたりしている。

勝 海舟

　このころ、勝海舟が入門してきた。弟子入りしたのかどうかははっきりしないが、海舟も新鋭の蘭学者として、江戸ではだいぶん有名になっていたけれど、このとき二十八歳、象山は四十歳だから、象山は大先輩というべきだろう。
　これが縁で二年後に海舟の妹順と結婚している。象山の女性観、結婚観についてはあとで触れることにする。

この年八月、下曽根金三郎に頼まれて、浦賀で砲術の演習をしてみせた。かつて、象山が江川太郎左衛門の門を去って下曽根のもとを訪ねたとき、心よく原書などをみせてくれた好意に対する謝意でもあった。

同年十二月、象山はいったん松代に帰ることになった。各藩の門弟十数名を引きつれての帰藩だった。象山にすれば江戸での盛名の一端を故郷の人々に知らせたいというつもりがなかったわけではないだろう。

そうして、翌嘉永四年（一八五一）二月、松代近郊生萱村で、大砲の試演を行った。江戸から引きつれてきた各藩の門弟や、近郷からの見物が多勢みまもる中で、十六貫目の砲丸が轟音とともに空をとび、見物人の度胆をぬいたが、照準の方は大はずれで、前面の一重山にうちこむ予定が、山を越えて小島村の満照寺の庭へ転げ落ちてしまった。

まずいことにここは幕領である。果たせるかな、中之条陣屋の代官から象山に謝罪を要求してきた。ここで素直にあやまれないのが象山の悪い癖である。大砲の試演は日本の国を夷狄から守るために行っているのであるから、神社仏閣といえど協力して当然なのに、謝罪を要求するとは何事か、と逆にさかねじをくらわせたので、事態はいっそう紛糾してきた。

結局、今後、生萱村で試演をするときは、代官陣屋に通告するという条件で、象山は手落ちを認め、砲丸をかえしてもらった。象山の行くところつねにもめごとありという感じだ。

同月、象山は再び試演をやりなおした。こんどはうまくいって、見物人はその妙技に恍惚《こうこつ》としたとある。大砲の轟音とともに、杏《あんず》の花が吹雪となって散り、美しい眺めであった。象山も気をよくして、得意の詩《うた》をつくっている。

春野晴に乗じて大砲を演ず
四林桃杏まさに芳菲《ほうひ》たり
一声霹靂天地に震《ふる》う
万樹の新花撩乱としてとぶ

江戸永住

象山はすでにだいぶん前から江戸在住の希望を抱いていた。儒学と兵学の教授で十分食べていけるので、藩が許さなければ独立してもいいとも考えていた。

結局、藩主幸貫の特別のはからいや友人たちの尽力もあって、象山は松代藩士という身分のまま、江戸居住を認められた。三村利用掛の役を辞して、嘉永四年の五月、象山は母を伴って江戸に移り住み、木挽町《こびき》五丁目に儒学と蘭学と砲術の塾を開くのである。

象山の令名を慕ってすぐに越後長岡の小林虎三郎、越前の橋本左内、長州の吉田松陰ら俊才が入門してきた。後年、小林虎三郎と吉田松陰は、象山の影響を大きくうけて、この二人は象山門下の両虎と称された。
象山の名声は赫々《かくかく》たるものであったが、けっこう失敗もやっている。この年の十一月、松前藩の依頼で象山自身が鋳造した大砲の試演を上総の姉ヶ崎で行ったとき、なかなか見事な成績で、見学者を感歎させたのだが、どういうわけか、最後の砲弾の発射と同時に砲身がすさまじい音をたてて破裂してしまった。多数の怪我人を出したので、洋式砲術に反感をもつものや、ひごろ象山を快く思わない人々がここぞとばかり、悪口をいいふらした。このとき巷《ちまた》に流布した落首の一部を掲げておこう。

黒玉を打にわざわざ姉が崎海と陸とに馬鹿が沢山
しゆり（修理）もせで書物をあてに押強くうてばひしげる高まんのはな
松前にことはりくふて手付金今更なんとしやう山（象山）のざま
しゆりのあなこき出すやうにそしられてくそともせずに放す大筒
横文字でペロン〳〵と放し出すしゆりが鉄砲は屁としられけり
大家の葬式とかけて、佐久間に大筒頼んだ大名ととく、心は大金出して泣いている
柿のしんとかけて、佐久間の門弟ととく、心はへたにつく

もっとも象山の方は平然としていた。この程度の失敗で疵《きず》がつくはずもないほど、その名声は確立していた。ただ、松前藩としては大金をつぎこんだ大砲が使いものにならなくなったので、象山にむかって愚痴をこぼすと、象山は、失敗は成功の基《もと》、失敗も結局は日本国のためになるのだから、諸大名はもっともっと自分に金をつぎこみ、いくたびか失敗をかさねるうちに名人になるでしょうと平然としていたという。

これは、象山の強がりでなく持論なのである。後年吉田松陰にも、「過ちをしない人間が立派なのではない、過ちを改める人間が立派なのである。しかし、過ちを改めるのはもちろん貴いことだが、その過ちの償いをすることの方が、より大切なことである。国家にとって多事多難なこのときに、なかなか人のできないことを進んでやり、立派な功績をあげることが、過ちを償う最良の方策である」と語って、松陰を感心させている。西洋の学問・技術を修得するという前人未踏の領域に踏みこむのである。失敗を恐れていては何もできなかったであろう。

藩主、幸貫を喪う

この嘉永五年という年は、象山個人にとって、二つの大きな事件があいついでおこった年である。

一つは松代藩主真田幸貫が逝去したことである。象山はこれで藩内の最大の庇護者を失ってしまった。二十一歳のとき近習役に抜擢されて以来、実際、象山が今日あるは、この幸貫の庇護によ

真田幸貫

るところが非常に大きかった。少なくとも、象山の洋学研究の端緒を開いてくれたのはこの幸貫であり、その後も、さまざまな制約があったにしても、何かと象山に肩入れしてしてくれた、象山にとっては願ってもないよき主君だった。

もっとも、この幸貫の松代藩における立場は、かなり複雑なものであった。松平定信を実父にもつとはいいながら養子の身であるから、松代藩歴代の家臣との折り合いは必ずしもよくなかった。幸貫が老中に就任し海防掛になるときも、藩の出費がかさむということで反対の動きがあった。

さすがに養子とはいえ、藩主なのだから、幸貫に対しておもてだった動きはなかったが、幸貫への批判はそのまま象山に対する反感として、根強く育っていた。だから、生前はともかく、幸貫に対する批判は死後すぐに表面化した。遺言の不履行である。

幸貫は死ぬ二年前の嘉永三年に、家老恩田頼母に宛て遺言状を書いているが、それには、自分は真田家中興の責を果たしたのだから感応明神として祀《まつ》れというのである。ところが、家臣の方は当人ほどその業績を評価していなかったとみえて、中興というなら藩政をたてなおした四代目の幸弘公こそ神に祀るべきで、藩には何も寄与してない幸貫公を祀るのは妥当でないという意見が大勢を制したため、遺言は反古《ほご》になった。

信州の山深く自藩のことに汲々としている藩士にとって、野心家の藩主はむしろ困りものなのである。その藩主をすら当惑させた象山が、やがて彼らに手痛い反撃をくうのはまた予想されるなりゆきであった。

真田幸貫を誹謗《ひぼう》するちょぼくれ歌は、今日も残っている。ほんの少しだけ抜粋しておこう。

> 奇妙頂礼ヤレ〱コレ〱、おゐらが隣の又其隣のおしなが在所の騒動話を聞いてもくんねい、抑《そもそ》も起こりは信濃の真田へ奥州白河泥水育ちのきたねい息子が世取りに押し込み、独りばかりか乞食の大連れ、娘や息子や妾を連れ込み、仕送りなんぞは里がするよと親父や家来をうまうまだまかし……滞府〱とお江戸に居つづけ追従軽薄つくした印か、同気求むる水野（忠邦）が推挙で、猿猴猿めが月でも把るよなお手に及ばぬ老中なんどに突っかけなったは奇妙きてれつ……

幸貫の藩政改革反対派の気持ちとは別に、象山の落胆は大きかった。彼は心をこめて、生前の幸貫を絶讃した墓誌銘を書いた。その文章は名文、筆蹟は見事なもので、今日でも大切に保存されている。

幸貫の死去に先だって、この年二月には、かつての師鎌原桐山も病没してしまった。ついで幸教の代になると、象山のよき理解者だった家老の恩田頼母や郡奉行の山寺常山らは退けられ、かわって真田桜山などの保守派が藩政を握ったから、殖産興業の方針はただちに中止され、倹約令が布告された。藩政方針の転換である。その波紋が江戸の象山に及ぶまでには、いましばらくの時があった。

結婚

象山にとって、この嘉永五年におこったいま一つの大事件とは、勝海舟の妹順と結婚したことである。象山はこのとき四十二歳、順は十七歳であるから、年齢の差がさして問題にならないこの時期でも、かなり珍しいほどのひらきようだ。

象山はこのときすでに、菊・蝶などの妾を持ち、四人の子供も持っているが、正妻を迎えるのはこれがはじめてである。この縁談は象山の方からかなり熱心に所望したらしい。順本人を気にいったこともあるだろうが、また勝海舟の妹であるということも、つねづね優生学を気にしている象山にとって大きな魅力だった。

前にも触れたように、佐久間家は不思議に子供に恵まれなかった。とりわけ、男子の育たない家系である。跡継ぎがいないと家は断絶する。象山は幼いころからそのことを脳裡に刻みつけられて大きくなった。加えて、象山自身の自負もある。「自分の家系は名将の血すじでもあり、かつ、自分も天下に名を知られるようになったほどの人物であるから、子孫をふやして世の役に立てたいと思っている。子供の出来不出来は母親に似ることが大と聞いているので、相手の女性の選択は厳しくしている。容姿も賤しくないのが望ましい」などと、妾の周旋を依頼した手紙が残っている。ついでに象山の女性への好みをいうなら、「円顔、高鼻、黒髪、滑肌」となかなかうるさく、おまけに「小肥り、大尻、病痕なきこと」などと細かい。

海舟の妹順がこの基準にあてはまるかどうかはわからないが、象山が四十歳をこえてはじめて正妻に迎えたいと思ったほどの女性だから、個性的な人柄だったのだろう。

象山の女性観

もっとも、象山と順の間に子供はできなかった。優生学的成果を見ることができなかったわけである。事実、女性関係の派手なわりには、象山は子供に恵まれていない。妾に生ませた四人の子供のうち育った男子は恪二郎だけであったから、象山の心配も無理はない。

順は、象山が望んで結婚しただけに、勝気な頭のいい女性だったが、それだけに象山との仲はあまりうまくいかなかったらしい。だが、象山が旅先から夫人宛に出している手紙をみると、決して専横な夫ではなく、むしろ細やかな配慮を示して、やさしい夫という感じがする。親子ほどの年齢の差がそうさせているのかもしれないが。

たとえば、だいぶ先のことだが、元治元年に京都から江戸在住の夫人に宛てた手紙には、彼女を京都に呼べない事情を説明して、淋しければ歌とか琴でも習ってはどうかなどと勧めている。そう

して、手紙の末尾には、京都の住まいの様子などを描写して、ついでに

かはづなく　かもの川瀬を風こえて
　月かげゆらぐ夜半のすゞしさ

という歌までつけ加えている。

後世、象山は女性を道具扱いにしたということで、すこぶる評判がわるいが、これは一つには妾を持つときまで天下国家を口にせずにはおれなかった気性と、優生学——これも西洋の書物で得た知識である——上の確信をあたりかまわず公言したことが、かなり影響しているにちがいない。

同じように、京都から松代にいる妾のお蝶に宛てた手紙にも、象山が当面している政治むきのことまで、嚙《か》んで含めるようにやさしく説明してやっている。「もし私の身に万一のことがあれば、日本に大乱がおこるでしょう。口はばったいことのようだが、日本国の運命は自分が握っているのですから、私は日本と運命をともにする覚悟です。他人が何といおうと少しも怖ろしくありません」と。

もっとも、このあとに、だから京都で妾の一人や二人置くのもしごく当然であるという勝手な理屈がつづくのであるが。

象山は天保十年ごろ、といえば二十代の終わりごろにあたるのだが、「女訓」と題する文章を書いている。それは全く封建的女性観を絵に描いたような内容で、冒頭から

女はたかきもいやしきも三じゅう（従）とて人にしたがふの道三つ侍り、いとけなきときはおやにしたがひ、としさかりになりて人にゆけばをつとにしたがひ、としおいぬれば子にしたがふ、又この三じうをつとむるに、えん（婉）ばん（娩）てい（聴）じう（従）とて四ツのをしへあり、えんとはものいひさまやさしく、ばんとはたちふるまいしとやかに、ていとはかりそめの事にも専らなるふるまひなく、したがふ人にうちまかせ、じうとは何事も身をこゝろにまかせず、仕る人にたがふことなきをいふなり、常に、この四つのをしへをまもりて、時のしたがふべきかたにしたがひ、みちにたがはぬやうこころがけらるべし。

というように、きわめて常識的——当時にあっては——で、貝原益軒の「女大学」とさしたる変わりはない。いわば、これは象山の理想的女性像でもあるのだろう。現実の生活では、順夫人に一本とられたり、妾のお蝶にヤキモチを焼かれてあれこれいいわけをするなど、なかなか理想どおりにいかなかったようだ。

ともあれ、時間は前後したが、嘉永五年に象山は藩主幸貫を喪い、妻順を得た。江戸の塾も繁盛

している。だが、国際状勢の方は、このころから日本にとっては切迫度を加えていたのである。

迫り来る列強 1
海外事情

象山が松代藩と半ば縁を切ったかたちで江戸に出てきて、木挽町に洋学の塾を開いた嘉永四年には、外警はますます急をつげていた。アメリカが、日本に使節を送ることを、この年（一八五二）に正式決定していたのである。

アメリカで、日本の鎖国をどうにかしようという世論が高まってきたのは、もう少し早い。一八四八、九年ごろに、新聞論調などが、非常にもりあがっている。

アメリカが日本に目をつけるのは、西部海岸のカリフォルニアが開けてからである。そこから太平洋を渡って中国に行く航路が開拓され、太平洋海域全体を網羅する通商貿易ルートができかかっている。しかし、そのころの技術水準では、太平洋を渡る船には、水準の高い寄港地が用意されておらねばならず、それには日本が最適である。貿易商人から、日本に寄港できる港を開かせるという強い要求が、行政府にむけて提出されはじめた。

それに、このころから、北太平洋での捕鯨業が盛んになった。いまは南氷洋まで行かないと捕鯨業は成立しないけれども、そのころは、千島・アリューシャン沖にウヨウヨいたのである。そうして、捕鯨業にも寄港地が必要で、それには北海道のどこか、たとえば箱館あたりが好都合だ。

ところが、現状では、寄港地に使えないどころか、捕鯨船が遭難して乗組員が日本にたどりつくと、さんざんな扱いをうける。日本としては別に虐待しているつもりではなく、むしろ精一杯の親切な処遇をしているのだが、生活慣習や水準のちがいで、むこうは虐待と受けとっている。

たとえば、日本では米の飯を与えるというのは、一般庶民の生活水準から見れば大変な好遇だけれども、アメリカ人は肉を食べさせなければ食事だと思わない。また、親切で駕籠に乗せてやると、アメリカ人は、罪人扱いで、狭いところに閉じこめて運んだと思いこむ。この連中が帰国すると、日本は怪しからぬ国だと主張し、武力でもって文明国の慣習を教えこめと世論をたきつけるのである。

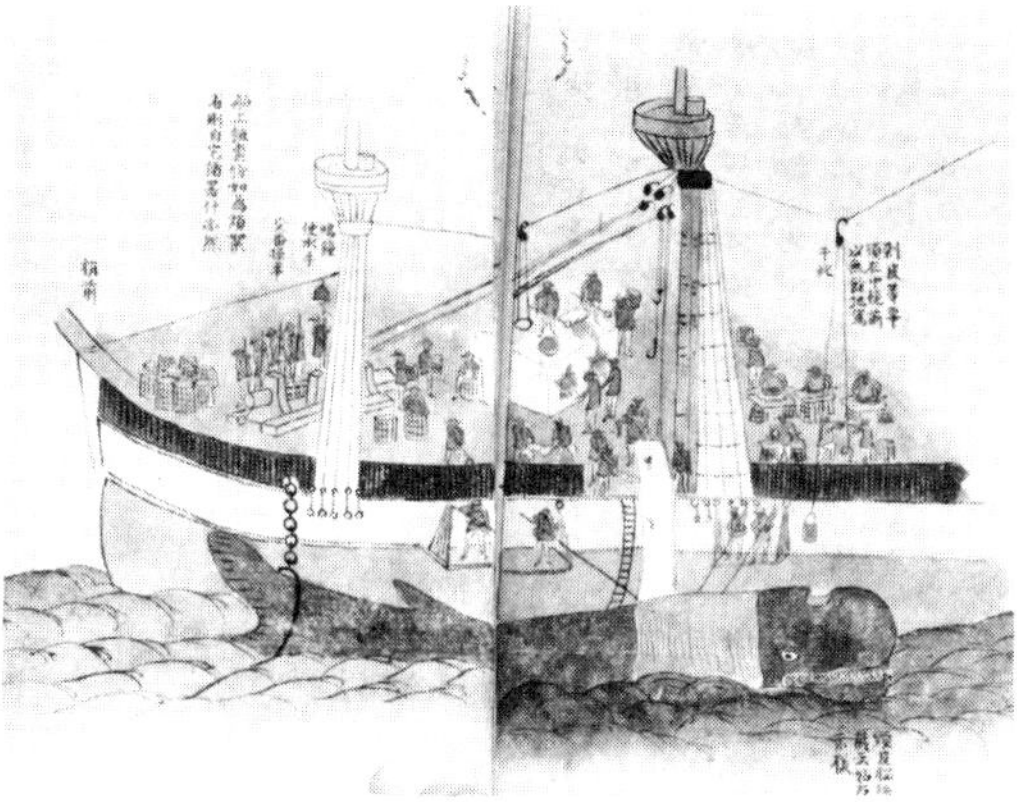
アメリカの捕鯨船

アメリカにこういう世論が起こっていることは、日本にも知らされた。嘉永三年（一八五〇）に、そのとき、長崎のオランダ商館長だったレフイソンのところへ、アメリカの友人パーマーから、手紙が届いたのである。いま、アメリカでは、日本に艦隊を派遣してこらしめるという機運が盛りあがっている。いずれ近いうちに軍隊をさしむけることが決まるだろう。あなたはながく日本にいて、日本人に友人もあるだろうから、このことを警告しておきなさい、というものである。

レフイソンは驚いて、その手紙をオランダ語訳して日本の通詞に見せた。通詞はそれをまた日本語訳して、長崎奉行などの役人に見せ、長崎奉行は江戸の幕府に警告したはずなのだが、そのとき幕府が何か対策を講じたという様子はない。どの範囲の人たちがこのニュースに接したのかもわからない。

象山は、どうも、全く知らなかったようだ。むろん、嘉永三年の象山は、そのような極秘情報に接する条件は持っていないのだからこれは当然の話だが。

迫り来る列強 2
ペリー登場

さて、アメリカでは、日本に開国を迫るべしとの議論がどんどん進んで、嘉永四年（一八五一）には、日本と条約を結ぶために全権使節を派遣することが決定した。大統領フィルモアの決断である。そうして、その使節には、最初、アメリカ東印度艦隊司令長官だったオーリックが任命された。

東印度艦隊というのは、シンガポールからジャワ・インドシナなど東南アジア一帯、さらに香港から上海と中国沿岸をカバーする役目をもった艦隊で、そのころは、イギリス、フランス、それにアメリカが、この方面に艦隊を常置して、アジアへの進出を武力で援護していた。その東印度艦隊を日本にさしむけようというのである。

ただし、このオーリック長官は、ついに日本へは来なかった。この人物は、どうも部下の掌握力などに問題があったらしく、艦隊内部でトラブルを起こして、司令長官を罷免されてしまった。そこで自動的に、遣日大使の役目の方もクビである。

このオーリックの後任となったのが、かのペリーである。やはり、アメリカ東印度艦隊司令長官に就任し、その職のまま日本へ派遣される方式がとられた。

オーリックの任命・罷免、そうして改めてペリー任命といった経過は、逐一、アメリカの新聞に報道された。アメリカの新聞だけではなく、ヨーロッパの新聞にも書かれる。いよいよアメリカが、大艦隊を率いて日本に開国を迫りに行くらしいと、大々的に宣伝されはじめた。

これを見て驚いたのがオランダである。

オランダは、これまで長い間、日本貿易を独占してきた。長崎における扱われ方はずいぶん屈辱的なものだったけれども、ヨーロッパの国としてはただ一つ日本に接触できているのだという特権をみかえりに、ひどい仕うちに耐えてきた。対日関係を対等の国際関係にしようとする努力も、ほとんどしていない。

もっとも、オランダからみれば、長崎の商館は、本国の出先植民地機関であるジャワの東印度総督庁のそのまた出先であって、格式がどうのとこだわるほどの重みはもっていなかったのである。

しかし、今度はちがう。アメリカは、ヨーロッパでできあがっている国際関係の慣習を日本におしつけようとしているらしい。これまで、オランダが日本と結んでいた関係とは全く異質な関係が、できあがろうとしている。オランダが古い関係のままでいれば、これまでとは反対に、オランダ一国がとりのこされることになりかねない。

そこでオランダは、日本にチエをつけることにした。アメリカが、非常に強い決意をもって日本にやってこようとしているから気をおつけなさい、早くオランダと正式の国交関係を開き、それを基準にしてアメリカに応待されたらよかろう、といってきたのである。

迫り来る列強 3
オランダの警告

この忠告めいたものをしてくるにあたって、オランダは、長崎オランダ商館長をとりかえた。嘉永五年、そのときの商館長、フレデリック・コルネリウス・ワーゼに代えて、東印度高等法院官で、法律に明るいヘンドリック・ドンケル・クルチウスを送りこんできたのである。国王の意を受けて幕府に宛てた東印度総督の手紙には、クルチウスは政治外交に詳しい人物だから、困ったことは何でも相談して欲しいと解説してあり、そうしてそのクルチウスは、日本とオランダの通商条約案を用意していたのである。

この通知をうけて、長崎奉行はすぐに江戸へ通報し、江戸では評議がくりかえされる。ところが、その評議は、アメリカが来るのをどうしようかというのではない。また、オランダが提案している通商条約案をどうしようかというものでもない。それよりはるか前の次元の、オランダ東印度総督からの手紙を、受けとるべきかどうかということで、侃々《かんかん》諤々《がくがく》の議論をしたのである。

長崎　出島

むろん、こういう議論をしたのに、理由がないわけではない。これには前史があるのだ。

　このときから約十年以前の弘化元年（一八四四）オランダ国王ウイレム三世は、使節コープスを日本に送って、開国を勧告した。ヨーロッパ諸国の情勢をみると、とてもこれまでの日本とオランダの関係が無事につづくとは思えない。早く通商の国交に切りかえ、他の諸国の渡来を迎える準備をしておかれたがよろしかろうと忠告したのである。

　幕府は、このとき、使節コープスをさんざん待たせたあげく、てぶらで帰らせた。そうして結局、回答しなかったのである。厳密にいえば、今後このような忠告は無用だと回答したわけである。

　その理由がふるっている。日本にとってオランダは、通商の国だけれども、通信の国ではない。手紙をとりかわす関係ではない。だから、今後とも一切手紙はお断りするというのである。

　ちなみに、日本がこのとき〝通信の国〟としているのは、朝鮮だけである。朝鮮と日本は正式に〝国交〟があった。公式に使節が往来している。
しかし、長崎で貿易しているオランダや中国は、長崎という限定した場所に商人が来るのを許可しているだけで、国と国との正規のつきあいはない。商館長といえども国を代表する外交官という待遇は、全く受けられないのである。

迫り来る列強 4
幕府、感応せず

弘化元年のオランダ国王書簡に対して、幕府は、ただこのオランダは〝通信の国〟ではないという一事でもって何もかも拒絶した。そうして、それから約十年後の、いよいよアメリカの軍艦が来ますよ、という通報に対して、この先例をもちだして態度を決めようとした。

いったい、この東印度総督の通報は、手紙かどうか。手紙なら、通信の国でないから受け取れない。しかし、これまで毎年受け取っているオランダ風説書と同性質のものであれば受け取ってもよい。手紙と風説書とどこがちがうかといえば、手紙なら返事が要る。相手が返事を要求しているのなら手紙で、返事を求めていないのなら、風説書と同じものだと判断してもよいというのだ。

そこで長崎奉行は、幕府の指示によって、持ってきたのは手紙なのか風説書なのかと、オランダに問いあわせる。そうして、必ずしも返事を求めないとの回答を得て、それならばと、書面を受け取るのである。

忠告してやったオランダ側もあきれたであろうが、幕府の方も、ただこれだけのことに、大変なエネルギーを費した。すべて、鎖国の祖法に反しないように、また弘化元年の先例に反しないようにと、必死で大事をとっているのである。

ここまでの手続き論でつかれ果てた幕府には、かんじんの通報を受け取っても、その内容を検討する力は残っていなかったらしい。アメリカが軍艦を率いてやってくることが、どのような意味を持つのか、その前にオランダと通商条約を結んでおくことがどのような意味をもつものか、想像力が少しも働かない。いちおう幕府部内で評議してはいるけれども、落ち着いたところは、オランダが、通商をもっと広げてもうけるために何かたくらんだのだろうから、相手にせずにほおっておけということになった。せっかくのオランダの好意も、何にもならない。そうしてアメリカへの対策は何も立てられないで放置された。この情報も、幕府のトップレベルが知っているだけで、完全に秘密にされていたから、むろん象山も知らない。

だが、ペリーはやってきた。

ペリーがアメリカを出発するのは、嘉永五年十月(一八五二年十一月)である。大西洋を越え、インド洋を渡り、シンガポールを経て、香港につくのが嘉永六年二月(一八五三年四月)である。そうして、ここで南シナ海から東シナ海にかけて散らばっている艦隊を集めながら上海へむかい、さらに琉球に集結を命じる。

しかし、いろいろな事情があって、軍艦はペリーが思っていたほどの数は集まらなかった。琉球に勢揃いしたのは、サスケハナ・サラトガ・ミシシッピ・プリマス・サプライの五艦である。そのうちサプライ号を琉球に残し、他の四艦を率いて浦賀に現れるのが、日本の暦でいう嘉永六年六月三日だった。

III　政治の中の思想

開国

黒船来航

嘉永六年（一八五三）、江戸湾にペリーがやってきたとき、象山ははりきった。はりきったといういい方は誤解されるおそれがあるかもしれないが、それまでいくら警告を発しても耳を貸そうとしなかった幕府が、慌てふためくわけだから、象山としては、やはり〝ザマーミロ〟という感じがなくもない。それに、黒船が来たとあっては、象山のような専門家の株は、一気に上昇する。これまで冷飯《ひやめし》を喰わせていた感じの松代藩でも、俄然《がぜん》、大事に扱いはじめた。

象山もよくがんばった。浦賀にアメリカの軍艦が来たとの知らせを聞くと、すぐに松代藩邸に出頭し、足軽二人を連れて浦賀へむかう。夏六月の早朝に出発して、夜十時過ぎには浦賀へ着いている。強行軍である。

浦賀には、小泉屋という宿屋があって、ここの主人と象山は旧知の仲である。様子はどうだと聞いてみると、ともかく、蒸気船の速いこと、お話しにも何にもならないという返事だった。はるかむこうに黒い点があると思っていたら、たちまち矢のように飛んで来て浦賀を過ぎようとする。それを止めようと、彦根藩の担当していた台場から船を出したけれども、全く及ばない。たちまち浦

黒船（サスケハナ号）

賀港を過ぎて、内海に入ってやっと停泊したという。

どこの国の船なのか、まだ宿屋の亭主にもわかっていない。わかっているのは、これまで渡来した外国船とちがって、態度が無礼をきわめていることだった。浦賀奉行所から舟をこぎつけても、与力や同心では寄せつけず、奉行をつれてこいという。彦根藩が小船を乗りつけて艦に登ろうとしたら、いきなり空砲を打って追っぱらってしまったという。

まあ、これ以上、宿の亭主と話していても仕方ないからと、その晩は象山も寝る。そうして翌朝、これは六月五日なのだが、朝早くから山へ登った。黒船を見下ろそうという寸法である。

登ってみると、黒船は眼下にあった。〝たった四ハイで夜も寝られず〟といわれた四艘が、四町ずつくらいの間隔で、北を前にきれいに縦一列に並んでいる。二つはコルヘット軍艦、あとの二つは蒸気軍艦、蒸気軍艦は外輪船で、大砲は二十四門、コルヘットは二十八門、人数は四艘合わせて二千ばかりだと見当をつけた、さすがに軍学者だけに、観察はずいぶん行きとどいている。

旗も見た。黒白の市松模様のように見えたと、象山は、松代藩家老望月主水に宛てた手紙に、絵を入れている。しかし、さすがの象山も、星条旗を遠望しただけでは、どこの国かまではわからなかったようだ。

国籍がわかったのは、山を下りて浦賀奉行所と接触してからである。与力の中島三郎助というものが、軍艦側が拒否するのもかまわず登って行き、どこから来たのかと尋ねたところ、北アメリカのワシントンからだとの返事である。また用件については、直接江戸と談判するから、お前たちの世話にはならないと、アメリカ側は大変な鼻意気であった。

浦賀では、どうでも戦争になるにちがいないというので、町人たちは逃げ仕度をしている。奉行は、敗けて夷人の手にかかるのはいやだから、寺で自害したいと、寺に掃除を命じたということである。「寺などに行かずに、奉行所屋敷に火をかけて自殺されるのがよかろう」と、象山は、奉行の見当ちがいの狼狽《ろうばい》ぶりを、やはり望月主水への手紙で皮肉っぽく書いている。

情報収集活動

しかし、ともかく、これは大問題であった。ペリーは軍艦を率いてきて、要求を聞かなければ戦争を辞さないかまえである。戦って勝つ見込みは、万に一つもない。敗けるのを覚悟で一戦するか、先方の要求を受け入れるか、非常にむつかしいところだった。

象山にはこのとき、この難問に直接回答する発言はみられない。書き残したものを見る限りでは、それは幕府でお決めになることだからと、慎重に判断を避けている。

彼のこのときの行動は、もし戦争になったときには、洋式兵学の専門家として精いっぱいの努力をしようというところにしぼられているのだ。

自分がかねて主張していたとおりに海岸防衛体制を敷いていれば、こんなぶざまなことにはならなかったのにと、先見の明を誇ることに比重のかかった愚痴をこぼすのは例のとおりだが、しかし、愚痴をこぼすだけではなく、みんなが気づいてやる気になりさえすれば、自分の全知識とエネルギーを提供しようと覚悟しているところが、なかなか見事なものだ。現にいま、そのために浦賀まで来ており、その偵察情報を松代藩邸に送って、作戦計画立案を指導しようというのである。

六月六日、黒船のうちの一艘が、東北へむけて動きはじめた。観音崎を過ぎて江戸湾内へ深く入っていく。象山が急いで供のものを山に登らせて見させたところ、もう帆柱も見えないとの報告である。

これは実はミシシッピー号で、浦賀奉行に対する示威かたがた内海偵察のための行為なのだが、象山にはそこまではわからない。

この船が江戸まで行ってしまえば大騒動になるからと、慌てて小船をやとってあとを追う。順風に帆をあげて、かなりの快速で追っかけるのだが、残念ながら追いつけない。相手は帆もあげず、外輪をゆっくり回すだけで、ボート二艘を下ろして海の深さを測量させながら進むのだが、それで

浦　　賀

も追いつけない。象山がかねて警告した力の差を、彼自身もまざまざと見せつけられた場面である。

それでもこの日、ミシシッピー号は、本牧あたりまでで止まった。向きを変えて浦賀へ引き返す。象山もほっと安心し、もう浦賀へついて戻ることもあるまいからと、江戸へ帰った。

臨機応変

象山、それからがまた大活躍である。江戸へ帰るとすぐに松代藩邸に出頭して、大急ぎで銃砲弾薬の用意をしておかねばと進言し、すぐ採用された。他にも意見があればもっというようにとのことなので、藩士で多少とも砲術に心得のあるものを自分の塾で再教育したいと申し出ると、これもパスした。かつての冷遇とくらべると、百八十度のかわりようである。

六月七日と八日は、藩士の再教育に費した。彼の日記をみると、この二日間の練習でどうにかのみこんでくれたようである。これまで我流の方法で良いと思っていた連中が私の正しい方式を習ってびっくりしたらしい。夢からさめたような気持ちだといって、入門料として酒肴料を持ってくるなど、私に心服していっしょうけんめいつとめてくれる。これなら一仕事できるだろうとの見通しを持てた。

という意味のことが記されている。

そこで象山は、松代藩当局に新しい提言をした。いずれ松代藩にも、沿岸警備の出動命令が下るにちがいないから、こちらから先手を打って、希望の場所を申し出ようというのである。松代藩には、前藩主幸貫や象山たちの努力で、他藩に比べると、大砲を大量に備えており、これを役立たせるためには、担当の場所を選ばなければならない。それには、御殿山のあたりが好いというのである。

松代藩の江戸在中の重役たちは、象山の提案に賛成した。そこで、幕府宛ての願書も、象山が代筆することとなる。藩主の名前で出すのだからその形式をとっているが、願書の要旨は

異国船が品川沖へ乗り入れてくる場合を想定してみると、御殿山のあたりが最大の衝突場所に

なろう。また、大砲を操作する上でも、人家から離れている点など、御殿山がよい。御殿山にはすでに越前藩が割り当てられているけれども重複してもかまわないから、わが藩の火力を生かすために、是非、そこを担当させてほしい。

というのである。

この願書草稿を書く一方、象山は、老中の阿部伊勢守や牧野備前守を訪問して、口頭でも希望を伝えた。阿部正弘の返事は、「よくわかったから、藩主から正式の願書を出しておくように」というものであった。

いよいよ自分の力量を発揮するときが来たというわけで、象山は大いにはりきる。松代藩士たちを改めて大がかりに教育し、藩主の前で洋式の軍隊の動かし方の演習までしてみせた。

また、御殿山にも下検分に行って、先に割り当てられている越前藩側と細かい持場の打ち合わせまでもした。しかし、このときは、浦賀久里浜で、浦賀奉行が国書を受け取り、ペリーも、とりあえず日本が国法を破って長崎以外の土地で外国との交渉をもったという事実に満足してひきあげたので、江戸沖でアメリカ艦隊と砲火を交えるという事態にはたちいたらなかった。象山にはいささか気の毒な気もするが、この時期の日本にとっては、その方が無事だったろう。

ところが、象山にとっての災難は別のところからやってきた。象山が、御殿山警備担当を願い出るよう運動したことを聞きつけた松代藩の国許の重役が怒ったのである。藩の財政が苦しいときによけいなことをするというわけだ。江戸へ置いておくと、また何をいい出すかわからないから、松代へ帰らせて厳しく監督しようといい出した。

これには象山も閉口したのだが、象山の意見の正しさを認識しはじめた老中の阿部正弘や、勘定奉行の川路聖謨らが、松代藩に働きかけてくれたので、どうやら国許へ帰されることだけはまぬがれた。

急務十条　この勘定奉行の川路聖謨は、かつての松代藩主真田幸貫を通じて、象山の人柄や見識をよく心得ていた。とりわけ、前年に相州沿岸の砲台が、敵艦の江戸湾侵入を防ぐ上で何の役にも立たないだろうという象山の主張を知っていて、はからずもペリーがやってくると、その正しさが証明されたわけだから、川路は象山を高く買っていた。

後年、象山は三村晴山に宛てた手紙の中で、川路のことを次のように語っている。

川路殿は、識見人物ともに卓越した人物だと思ったので、はじめてこの方に先年提出を差しとめられていた上書案をこっそりお見せしました。しかし、さすがの川路殿も、既設砲台が全く防備の用をなさないという私の意見には、いくら説明しても半信半疑の御様子で、結局この上書は幕閣で論議されるということにはなりませんでした。

ところが、その翌年の夏、アメリカの軍艦がいとも簡単に江戸湾に侵入して、勝手なふるまいをかさね、空砲まで打って脅しましたのに、日本側は何ら手を打てず、みな歯ぎしりして口惜しがりました。すべて私が警告していたとおりで、そこでようやく川路殿も私の海防意見に賛成されるようになりました。

ただ、西洋から大船を買い求めかたがた、その実態を探ってきてはどうかという意見は、川路殿は理解されていましたが、幕閣の評議の場に出す決断はおつきにならないようです。

そこで象山は「急務十条」を急ぎしたためたというのである。これは川路を通じて老中阿部正弘にとりつがれた。「急務十条」の条文についてはいまひとつはっきりしないところがあるが、大方の内容は、

一、堅固な船を備えて水軍を訓練すること。
二、城東の砲台を新築し相房の砲台を改築すべきこと。
三、志気精鋭筋骨強壮のものを選んで火砲隊を編成すべきこと。
四、慶安の年につくられた軍制を新しく改正すべきこと。

五、砲政を定めて広く硝田を開くべきこと。
六、緊急事態であるから有能な将をえらぶべきこと。
七、短所はすて長所をとること。実質的に有効なものを採用すること。
八、綱紀を正して士気を盛んにすること。
九、大小銃の演習をつねに行うこと。
十、諸藩から出す海防の人数は速事の法をもって編成すること。

というものだった。万事慣例を重んずる幕府のやり方からいって、これがただちに採用されるというようなことはあり得ないけれど、川路聖謨のように、幕府官僚といっても彼自身が開明的な意見の持ち主には、きわめて合理的な海防論として論者象山への評価はますます高くなっていたのである。

プチャーチンの来航

ともかくも、今回はどうにかペリーに引きとってもらったが、こんどこそ、幕府は本格的な対策を立てなおさなければならない。

そこで、以前、天保改革の行きすぎを咎めて隠居させた水戸の徳川斉昭を、急拠海防参与に任命するなどの応急措置をとるかたわら、諸大名や旗本に広く対策意見を求めた。勝海舟が、砲台も厳重にしなければいけないが、それよりも海軍を早くつくらねばならないとの意見書を提出したのはこのときのことである。海軍の必要性ということでは、象山も全く同意見、いや、このことは象山の年来の主張であった。

ところが、幕府がそのような対策意見を徴して、具体的にどうするということもまだ決め得ないうちに、こんどはロシアのプチャーチンが、ロシア使節極東艦隊司令長官として、軍艦四隻を率い、長崎にやってきた。ペリーの場合、いきなり浦賀にやってきて、江戸湾にまで侵攻したため、江戸をあげての大騒ぎとなったが、プチャーチンの場合は長崎であるから、幕府としては、幾分緊張感がうすかった。

だが、プチャーチン側は、ペリー来航の際の幕府の弱腰ぶりをすでに知っている。日本側が誠意を見せないなら、このまま下田へ乗りこむ用意もあると脅かしてきた。幕府にすれば、夷狄が江戸近くまで来ることが一番恐ろしい。そこで、かの川路聖謨が、露使応接掛を命ぜられ、長崎まで出向くことになった。

このとき川路とともに辞令を交附されて長崎へ派遣されたものは、大目付格筒井政憲、目付荒尾成允、儒者古賀謹一郎の三名であった。この一行は交渉はできる限りひきのばし、できれば何も決定しないのが一番だという、いわゆる幕府の「ぶらかし政策」の意をうけて、その年の暮れ、ようやく長崎についた。プチャーチン側にすれば七月に入港して以来、五ヶ月近くも待たされたことになる。しかも、上陸は許可されないのである。だから、途中で気晴らしに港を出ていったりしている。

ところで、ロシア側はかねて開国の要求だけでなく、厄介な領土問題の決着を求めていた。このころ、ロシアはすでに樺太にまで進出し、守備兵の屯所までできていた。ロシアはそういう既成事実にたって、国境問題を自国に有利なように決めておきたいとの意向であった。

開港と北方領土に関する折衝は、難行しながらも、川路聖謨がねばりにねばって、ようやく次のような決定をみた。

日本領の境界は、北手に於て、エトロフ島、アニワ港にて、サガリーンの南端、カラフトと定申候……エトロフの北に当る、総千島、及びサガリーン島南端は、都《すべ》てロシヤ領に属し候。

確たる境界の細目を決めなかったのは、幕府側がそれを好まなかったからで、実際、日本側全権たちは、樺太の実態を知る資料をもっていなかったのである。ロシア側がその五十度以南に炭鉱を発見して、すでにその経営に着手していると教えられて、驚くという始末である。

それにしても川路聖謨は不利な条件のもとでよくがんばった。プチャーチンの秘書として同行したゴンチャロフもその印象を、「四十五歳位の、大きな鳶《とび》色の眼をした、総明闊達な顔付きの人物」

と語っている。川路はこのとき五十三歳だから、だいぶん若くみられている。

それはともかく、開港のことも数年のうちに二港を開くことだけを約して、期限をはっきりさせないままおしきった。プチャーチン側はこれには強い不満を示したが、日本側が最後までゆずらなかったので、一応ひきあげた。だがプチャーチンと川路は、翌年また会う運命にあった。

嘉永七年＝安政元年（一八五四）の正月早々、ペリーが再びやってきたのである。それを知って、プチャーチンも三たび日本に、こんどははじめから下田に乗り入れてきた。そこで川路は再び露使応接掛に任命される。ただ、象山の方はこのときすでに幽閉の身であったから、ロシアのことにはほとんど言及していない。

ペリー再来

ペリーは、嘉永六年に来たときに、翌年返事を聞きに再来することを予告してはいた。しかし、幕府の方では、果たして実際に来るのか来ないのか、来てもアメリカまでの往復に時間がかかるだろうから、まさかそんなに早くはないだろうとタカをくっていたのである。

だが、ペリー側にはペリーの事情があった。第一に彼は、アメリカまで引き返したのではない。アメリカのインドシナ艦隊の根拠地香港に引き上げただけである。その香港に、日本との交渉を急がねばならない情報がペリーを待っていた。

一つは、本国アメリカにおける政変の知らせである。ペリーを東印度艦隊司令長官兼遣日全権大使に任命した共和党のフィルモア大統領が、一八五二年の大統領選挙で敗れ、翌一八五三年のはじめに民主党のピアース大統領が就任していた。ペリーは、フィルモア大統領の全権委任状を持って出発したのだが、彼が最初に日本にやってきたとき、すでに本国アメリカでは大統領が替わっていたというわけだ。

それだけなら、航海に時日のかかるその当時としては、格別珍しいことではない。困るのは、共和党と民主党との外交政策がちがうことである。共和党は多分に対外強硬策で、ペリーの日本に対する強圧的な態度も、共和党の政策的な支持を得てのことだった。ペリーは、大幅な武力行使自由裁量権を委ねられていた。

しかし、民主党は、対外強硬策をとっていなかった。武力で脅迫するというような方針は避けるたてまえである。だから、ペリーにとって、彼が艦隊の圧力で日本を威圧して強引に交渉の場へひきずり出そうとしていることを本国に知られると、罷免されてしまう危険性が十分にあった。ペリーは、本国アメリカ政府が気付く前に、自分のやり方で成果を挙げてしまっておく必要性を感じたのである。

もう一つは、ロシアやヨーロッパ諸国の動きが気になったのだ。ペリーが江戸湾へむかったすぐあとに、ロシアのプチャーチンが、長崎にやってきている。そこでねばっているらしい。そのニュースが、すでに香港に入っていた。ペリーとしては、ロシアに先に条約を結ばれてしまったのでは、日本に一番乗りした自分の面目はまるつぶれになる。ここは急がねばならない。

そう思ったペリーは、本国から日本への新しい土産物を積んだ補給船が着くと、すぐにまた日本へむけて出発した。こんどは七艦を率いている。二度目に軍艦の数を多くすると、相手に心理的圧力がより有効にかかることを、彼はよく承知していた。

対米交渉1 ペリーの脅迫

そうした内部事情をかかえて、安政元年正月早々に、そのペリーの艦隊がまた江戸湾に姿を現したので、幕府は慌てた。しかし、先方が要求している条約のことは、とりあえず断ってしまおうということになる。急拠、任命してあった林大学頭以下の米使応接掛をおくって、拒絶の交渉をさせることにした。だが、この米使応接掛たちは、その意味では使命を果たすことはできなかった。ペリーの要求に屈服してしまったのである。

彼らは、まず、応接の場所をどこにするかという問題で決定的な失敗をしてしまった。林大学頭らの作戦は、鎌倉という提案をし、これは承知しないだろうから、こちらが譲歩してみせて、浦賀に落ち着かせようというものだった。

ところが、ペリーはそれを受けつけない。浦賀は大艦隊を長期間碇泊させるのに適当でなく、江戸からも遠すぎる。是非、横浜でやりたいという。林大学頭らは、「ここは日本だから、日本側が最も適当だと判断した場所でやるべきで、それに従え」という意味の最後通告めいた文書まで出すのだが、ペリーは相手にしない。そういうことなら、直接艦隊を江戸に乗りつけて、将軍に直《じか》談判に及ぶぞと脅迫するしまつだ。

幕府の役人には、どうもこれが一番こたえたようだ。夷狄をくいとめる使命を帯びて派遣されてきているのに、その担当者を無視して江戸へ乗り込まれたのでは、米使応接掛の面目丸つぶれである。そのうえ、夷狄を江戸に入れた責任をひっかぶらなければならない。そこで、慌てて節を曲げ、では横浜で応接いたしましょうということにしてしまった。どうもだらしないものだが、その程度の人物で幕府が運営されていたのだから、仕方がない。

この応接場所の件で予定をこえた大幅譲歩をしてしまったのを皮切りに、米使応接掛たちは、次次と無原則的に譲歩をかさね、とうとう日米和親条約を結ぶところまで行きついてしまうのだ。

対米交渉2　横浜会談

米使応接場所が横浜に決まったところで、再び象山が登場する。

幕府が、横浜に応接用の仮建築をつくり、その場所の警備を松代藩に命じたからである。藩兵が出動し、象山も参謀格でついていく。

このときのことも、象山は日記に書いており、また、著作『省《せい》諐《けん》録《ろく》』でも、感想をまとめている。その両方を総合しながら、象山の考え方を整理すると、左のようになる。

そもそも象山は、幕府が松代藩兵に出動を命令した目的について、アメリカ兵の不法を取り締まるためだと思っていた。そのために、大砲五門、銃卒百名、刀槍隊五十名という陣容を編成して、とくに大砲は、象山が念入りに整備したのを持っていかせた。

ところが、江戸を出発するときに、所用で本隊より少しおくれた象山が、神奈川の宿まで来てみると、幕府の役人から、大砲を持ってきてはいけないと差しとめられたという。そんなものを持ちこむと、アメリカ側が、警備の厳重なのに驚いて、そんなに危険なのなら応接の場所を変えてほしいといいだすかもしれず、それでは幕府が困るというわけである。

話がちがいすぎる。象山は、アメリカ兵の不法を取り締まるつもりだった。場合によっては、一戦交える覚悟で、そのために武器を選んできている。至近戦になれば日本の斬り込みも効きめがあるからと、鉄砲の外にとくに丈夫な野太刀も二十本用意させているほどだ。

ところが、幕府の真意はぜんぜんちがったものだった。上陸したアメリカ兵にむかって、日本人が不法を働かないように、ほかならぬ日本人を取り締まれというのだ。

なるほど、それなら大砲はいらない。大砲など持ちこめば、大砲を持ってくる必要があるほど日本人の間に不穏な空気があるのかと、アメリカ側を心配させることになる。これが幕府のいいぶんで、それはそのとおりかもしれない。

象山は慨嘆する。そもそも、こんどのことは、アメリカの不法からはじまっているのではないか。

ペリーの艦隊が武力で幕府を威圧し、その圧力で交渉を開かされている。その交渉に際しても、どのような不法な圧力をかけてくるかわかったものではない。だから、これ以上の不法を許さないという態度を示すことが必要なのである。それなのに相手の御機嫌をそこねないようにという点にのみ、幕府は気をつかっている。そのような弱腰ではとても対等な立場で交渉の成果をあげることができないだろうと。

横浜での応接は、その象山の心配したとおりに進展した。条約を断固拒否するという大方針はすぐに撤回されて、条約の内容審議に入ってしまい、その条約も、米使応接掛の及び腰のために、幕府の訓令の枠を大きくはみだしてしまったのである。

対米交渉 3 象山の博学

もっとも、象山は憤慨しつつも、もちまえの好奇心を発揮して、せっかく横浜までやってきたのだからと、夷国の人や物と積極的に接触している。二月十六日の日記をみると、その機会を楽しんでいる風さえうかがわれる。

朝四時ごろ応接場を巡視した。今日はアメリカが老中へ進献した品物の警備をするために、玄関に番人がついている。私はそこへ行って、与力某にたのみ、夷人たちの贈りものをみせてもらった。

また、十七日には

夷人がタゲウロライペン（写真機）を出して、私が乗ってきた馬を写す。そばに浦賀同心某がいたので、その男を通じて、イオジウムを用いるのかそれともフロビウムも用いるのかたずねてもらおうとすると、同心某は直接に聞いてくれという。そこで、その写真機を指して、イオジウムかフロビウムかと云うと、夷人は驚いた風でフロビウムとこたえた。そしてまたその写真機をなでながら、タゲウロライペンという。私もうなずいて同じくタゲウロライペンといえば、私がその名を知っているのを喜んだ様子で、手で私を招きよせ、その写真機を手にとって見せてくれた。おおまかなところは書物で見て知っていたとおりだが、箱が少し平らで、レンズをはさむところは横に突き出した黄銅の筒になっている。その端にネジがついており、被写体の遠近に応じてレンズを替えるのである。やがて、私の姿を写した。

ペリーの土産

といった調子である。このときにはまた、旧知の与力にくっついて、建物の中にあったボートや、蒸気車の模型なども見せてもらった。いずれも、書物で見たことのあるものを実物を見て確認するわけで、喜びもひとしおだったらしい。

対米交渉 4 下田開港

象山の「西洋の芸術」類への知的好奇心とは別に、交渉の方はアメリカ側ペースで進行した結果、開港の場所は下田に決まった。それを聞きこんだ象山は、すぐに、これは反対しなければと思った。

理由は、軍事的見地によるものである。下田は、伊豆半島の先端にあって、喜望峰によく似た要地である。ここをアメリカの艦隊に押さえられたら、日本は動きがとれない。大坂方面から江戸へむかう船は、みなここでとめられてしまう。日本には海軍がないのだから手のほどこしようがない。陸から攻めようとしても、天城の嶮山があって、大軍隊の移動にはきわめて不便である。そんな場所をアメリカに貸し与える必要はない。

ではどこが適当な開港地かといえば、横浜が好い。江戸に近すぎるという反対があるだろうが、実はその方がいい。ここに夷狄の軍艦が碇泊していれば、みんな憤発の心をもって、警戒が厳重になり、また、常時敵を観察することによって知識も豊富になる。下田ではそうはいかない。それに、江戸を襲われる危険ということであれば、相手は移動が自由自在な軍艦なのだから、下田でも横浜でも大差はない。利害得失を計算してみれば、絶対に横浜を開港すべきであるという。

象山は、この意見を、一緒に横浜にきていた藩重役の望月主水に話してみたところ、望月は、象山がすぐに江戸へ戻って藩主に献言し、藩主から幕府に上書するのがいいだろうという。そこで象山は松代藩の警備隊をはなれてひとり江戸へ戻り、藩主に話してみた。しかし、重役に反対者がいて、藩主の名前で幕府に意見を申し述べるという案は通らなかった。

仕方なく、象山は藩主の許可を得て、独自の行動をとることにする。彼の門人の小林虎三郎が長岡藩士で、老中牧野備前守の家来だから、彼を通じて老中に働きかけさせ、また、自身では水戸の藤田東湖に連絡をとって、徳川斉昭を動かそうともした。しかし、いずれも失敗に終わり、条約は、下田開港に決まってしまった。

だが、この点についても、象山は先見の明があったことになる。いったんは下田を開いてみたものの、あまりに不便なのに日米双方とも弱ってしまい、わずか四年後の安政五年の日米修好通商条約では、改めて横浜を開くことに決定するのである。

志士、吉田松陰

出会い

象山が東奔西走の活躍をつづけているこの横浜滞陣中に、吉田松陰が訪ねてきた。松陰がはじめて象山のもとにやってきたのは嘉永四年のことで、それ以来、松陰は深く象山に心酔している。

吉田松陰

兄の杉梅太郎に象山のことを、

象山は当今の豪傑、江戸で第一の人です。慷慨気節高く、しかも学問もあり、識見も秀れ……大義を弁ずる人物としては、象山先生に及ぶものはありません。

と書きおくっているほどだ。

松陰はまだ二十歳を出たばかり、長州藩の軍学師範としてその秀才ぶりは早くから知られていたが、直感的に伝統的な兵学では、ようやく急を告げてきた西欧の脅威をきりぬけることができないのではないかと焦っていた。焦ってはいたが確固たる目的をまだ掴みきれないままに、やみくもにその軍学師範の職務を投げうって、東北の旅に出た。それが嘉永四年、松陰二十二歳のときである。

むろん、脱藩の罪はおもい。士籍を剥奪されて、さすがに元気をなくした松陰が象山を訪ねると、象山は「過ちは、償いすることがより大切だ。この国が多事多難なとき、人のできないことを進んでやることこそ肝要である」と激励した。

それを聞いた人が吉田松陰である、この一言は、松陰には天啓のようにひびいた。命を賭けるに足る目的がみつかったのだ。

「彼を知りて己を知る」というのは、もともと象山の持論であった。西洋の学問を、多年苦労してつづけているのも、その「彼を知る」ためであるが、この議論をいま一歩進めれば、書物を通じてより、直接、彼の国へのりこむほうが、はるかにより確実に目的を達することができよう。だが、それはあくまで理論上の可能性にすぎなかった。

ところが、松陰がそれを決行するというのである。象山は驚いたが、また感激した。漂流ということにすれば、国禁を犯したことになるまいと智恵を貸してやったりしている。

松陰が密航計画を実行にうつそうとさまざまの準備を整えている最中に、アメリカ艦は再来を約して去ってしまったので、こんどはプチャーチンの率いるロシア艦に乗りこもうと決意して、長崎行きを前に象山を訪れた。

四十歳をこえた象山には、一途に思いつめた松陰の行為が美しくみえたにちがいない。旅費として金四両のほかに、松陰の行を壮して漢詩を贈っている、それを次に掲げる。

吉田義兄を送る

之《こ》の子霊骨あり
久しく蹩躠《べっせつ》の群を厭う
衣を振う万里の道
心事未だ人に語らずと雖《いえど》も
則ち未だ語らずと雖《いえど》も
忖度《そんたく》或いは因る有り
送行して郭門を出づれば
孤鶴秋旻《しゅうびん》に横はる
環海何ぞ茫々たる
五州自《おのずか》ら隣を為す
周流形勢を究めよ
一見は百聞に超ゆ

智者は機を投ずるを貴ぶ
帰来須《すべか》らく辰に及ぶべし
非常の功を立てずんば
身後誰か能く賓《ひん》せん

密　航

ところが、長崎では運悪く、プチャーチンの船と行きちがいになってしまった。プチャーチンが、幕府の返事が遅いのにしびれをきらして、ちょっとシナ大陸に気晴らしに出かけた、ちょうどそのときに長崎についたのである。待っていればよかったのだろうが、また戻ってくるとは知らないから、松陰は諦めて江戸へ出てくる。ちょうどそこへ、ペリーの二度目の来航だった。松陰はこんどこそ決意を実行しようと横浜まで来たのである。

松陰は象山に迷惑がかかってはと象山のもとを訪ねるのを、はじめは遠慮していたのだが、偶然象山の下僕に会ったとき、象山が今夜漁師に扮装して外国船を見学に行くつもりになっているというのをきいて喜び、それなら行動をともにしようと、象山の宿舎にかけつけた。だが、この計画は、結局、漁師たちが咎めを恐れて約束を反古《ほご》にしたので、実行できなかった。

翌日には、またちがった船頭をつかまえて、酒楼でふんだんに酒を飲ませて、外国船に近づくのを承知させたが、これも夜になっていざ決行というとき、臆病かぜにふかれてどうしても船を出さない。仕方なく、また象山の所に泊まり、象山に「投夷書」の添削をしてもらったりしている。

次の日も象山と一緒にいろいろ策を練るのだが、漁師が面倒にまきこまれるのを恐れて舟を出してくれないので、碇泊しているアメリカ船に近づく方法がない。夷人が上陸したという噂をきいたので、かの「投夷書」をてわたそうと横浜海岸まで走っていったが、着いたときはすでに立ち去ったあとだった。

松陰と行をともにする金子重輔は大いに嘆き、「いったい天は、僕らの計画に反対なのだろうか、どうしてこう失敗ばかりするのか」といい、もう漁師をたよらず、自分らで舟を盗み、直接外国船へ漕ぎよせようというので松陰も同意し、ひるまのうちに小舟のめぼしをつけていたが、夜いってみると小舟はもうなかった。

それから四、五日の間いろいろ策を練るけれど、どれもうまくゆかない。ペリーの方は、そうこうするうちに横浜での交渉を終えて、軍艦は下田沖に移動した。象山も任務を終えたので、松代藩兵と一緒に江戸へ引きあげてしまった。

しかし、松陰は諦めなかった。ペリーの艦隊を下田まで追いかけるのである。

横浜で結ばれた日米和親条約で、伊豆の下田と北海道の箱舘とを開港することに決まったので、ペリーの艦隊は、その開港地を検査するために、下田に移動したのだった。

安政元年三月二十七日、吉田松陰と金子重輔は、ついにペリーの旗艦ポーハタン号に小舟でこぎつけた。波が高く、小舟が艦に激突するので、夷人は驚いて棒で小舟をつきはなそうとするから、二人ともたまりかねてともづなをすてて夷艦に乗りこんだ。刀や荷物はみな小舟とともに流れてしまったが、このまま外国へ行くつもりの二人は頓着しない。

アメリカ側は困った。ウイリアムスという日本語のできる人物に懇願するのだが、開港にやっとこぎつけたばかりだから、ウイリアムスは、

このこと、大将と余知るのみ。他人には知らせず。大将も余も、心まことに喜ぶ。ただし、横浜にては米利堅《メリケン》大将と林大学頭と、米利堅の天下と日本の天下のことを約束す。ゆえに私に君の請いを諾し難し。少しく待つべし。遠からずして米利堅人は日本に来たり、日本人は米利堅に来たり、両国往来すること同国のごとくなるの道を開くべし。その時来たるべし。かつ、われらここに留まること、なお三月すべし、ただいま還るにあらず。

と、ことをわけて松陰らを説得している。言葉の端々に、少なからぬ好意を感じていることがわかるが、しかし乗船拒否の態度だけはどうしても変えなかった。

ついに松陰と重輔は諦めて、アメリカ側の伝馬に送られて海岸に戻った。先に自分たちが乗ってきた舟が流失して見つからないので、事は破れたとみて下田番所に自首して出た。

松陰たちは象山をまきこまないよう努力したが、小舟の中に残した荷物が発見され、その中に例の象山が松陰に贈った漢詩が証拠となって、象山が背後にいたことがわかってしまう。象山も逮捕された。

幽囚の生活

幕府の役人にすれば、大物の象山が背後にいて、すべてを指図したと考えたらしい。とりわけ、松陰の方は従容として罪を待つ態度で、少しもかくすところなく詳しく事実を話すので、役人側も好感をもったらしいが、象山の方は傲然《ごうぜん》として抗弁し、役人たちをやりこめるから大いに反感をもたれたようだ。

松陰の証言によれば、象山は役人を前にして次のような申しひらきをしたとある。

昨年のペリー来航以後のことは、わが国歴史はじまって以来の重大事件で、国としても何とか非常の対策を講じなければならないところまできている。その一つが人材の海外派遣のことである。いまもし一人でも海外に乗り出して、外国の事情を調べてこようとする者があれば、もちろん罰したりしないで、国のために役立つようにはかるべきである。私はそのような考えのもとに、このたびの松陰の企てを援助した。私は洋書を読みはじめてから、すでに十年の歳月を経て、他人にひけをとるとは思わないけれども、海外の事情については、靴の上から痒《かゆ》いところを掻《か》くようなはがゆい思いをしている。だから志ある者が海外に出ることを願っている。

こういう調子で自説を主張するのであるから、幕吏はますます怒って、象山には不利な状況になった。実際、このとき、二人の命はあぶなかった。海外渡航厳禁の法を破ったのだから、死刑になっても文句のないところである。松陰たちはもともと死を覚悟した上での行動だったが、象山にしたら、これからというときに死んでたまるかという思いがあっただろう。

事実、象山はその才能によって命を救われたといってよい。老中阿部正弘や、勘定奉行の川路聖謨らが極刑に反対したのである。これだけの人物を死なせるのは惜しいというのである。こと象山については、かねてから何度も上書している海防意見の原則的に正しかったことが、ペリーの来航によって証明されたばかりである。そのような有為の人物をむざむざ殺すわけにはいかないということになった。

結局、判決は両人とも自藩へ引き渡し、国許に蟄居《ちっきょ》ということになった。松陰は萩、象山は松代である。金子重輔はあわれにも翌年獄死している。象山についていえば、逮捕されたのが四月で、判決がおりたのが八月だった。

この間の牢獄生活で、象山も、これまでの自分の生き方について反省するところがあった。ただもうがむしゃらに生きてきたけれども、果たしてそれでよかったのだろうかという疑問が生じたのであろう。前に少し引用した彼の著作『省諐録』は、この幽囚の期間中にできあがった。もっとも、獄中では筆を与えられないので、腹の中にためておいただけだった。出獄してからそれを文章にしたのである。『省諐録』とは、誤ちを省みるという意味だ。

しかし、『省諐録』を通読してみると、ほんとうに誤ちを省みている部分はごくわずかである。

私は久しく事物の理を窮めるため努力してきた。家庭内のこと、親戚や友人との人間関係についても、理に従って処理し、われながらよくやったと思っていた。しかし、いま獄中で反省してみると、やはり心づかいの足りないところがあって満足を与えていない場合も多々ある。これは、私の研究が未熟で、世の中のことに十分に通じていなかったからだ。もっと努力しなければならない。

というような、反省的な文章もないわけではないが、それよりも

たとえ私が今日死んでも、後世、必ず公正な論議が興って私を支持するにちがいない。だから私は、悔みもせず恨みもしない。

他人の知り得ないことを自分だけが知っており、他人にはできないことを自分だけができる。これは、自分が特別に天の恵みを受けているからである。そうした特別の才能を賦与されながら、わが身だけのことにかまけて天下を思わないとすれば、それは天の恵みにそむくことになる。その罪は大きい。

等々というような、自負と自信のかたまりのような反省が多い。いかに自分が正しかったかということを堂々と披瀝しているわけだ。結局、いかなる不遇な環境下にあっても、象山は象山であったのだ。

しかし、そのように自負や信念とはうらはらに、このときの国許蟄居の判決で、象山の江戸での活動は完全に終わった。彼が江戸に出てくることは、その後の生涯でもうない。このあと、松代での長い長い蟄居生活、そうして蟄居を許され、幕府の命令で京都へ呼び出されて、京都の公卿たちに開国論をふきこむ仕事をはじめると、たちまち、尊

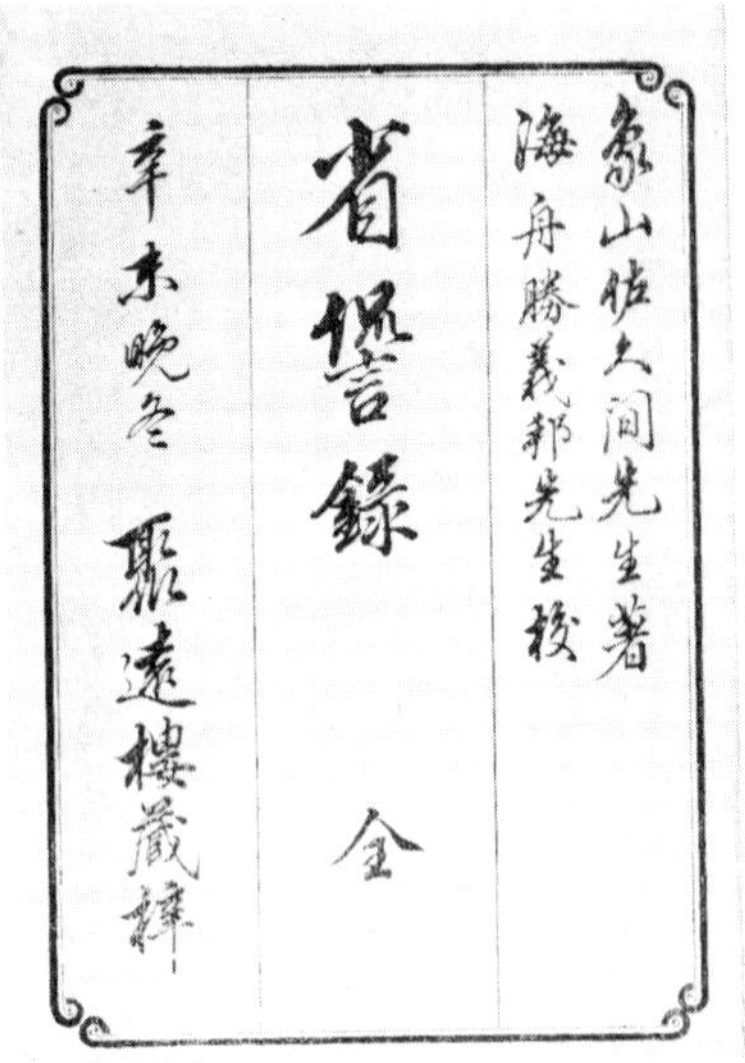

省諐録

王攘夷派のために斬られてしまうのである。

さて、その国許蟄居である。象山は、自分の家というわけにもいかないからと、家老の望月主水の別邸を借りうけて、そこを謹慎の場とした。聚遠楼と名づけられている。この建物は、現在は象山神社に移築され、保存されている。

ここで、象山は、再び思索と学究の日をおくった。洋書をひもといて、海外の知識をふかめることに余念がなかった。蟄居生活二年目の春、訪れた友人とともに酒を汲みかわしながら、

折にあへばちるもめでたし山桜
　めづるは花のさかりのみかは
おほぞらにみなぎる雪と見るばかり
　ちるもさくらのさかりといはなむ

と詠じている。象山にとって聚遠楼時代は不本意ではあったが、いくぶん風雅な趣がないでもなかったようだ。だが、その蟄居生活も、安政元年からはじまって、二年、三年、四年と、象山の身になれば、無限とも思えるながさでつづく。

その象山のもとに、安政二年に松陰から『幽囚録』がおくられてきた。象山はみずから筆を加え詩を添えて返したという。その『幽囚録』をみると、松陰がいかに深く象山の影響をうけているかよくわかる。いたるところに象山の説が紹介引用されているのである。松陰は、このあと松下村塾などを通じて高杉晋作をはじめとする若い尊王攘夷派のアイドル的存在になっていくのだが、その松陰にこれほど尊敬された象山先生ということで、象山の名もまた彼らの間に知られていった。

この蟄居期間中も象山の洋学への熱意は少しも衰えていない。義兄の勝海舟にバロメートル（気圧計）とテルモメートル（温度計）などの値段を尋ねている。手に入る値段なら藩にいって購入したいというのである。その海舟への手紙の中で、海舟のジャワに留学したいという希望をきいて、たいそう羨しがっている。

日本にいてはとても十分に御修学がおできにならないというので、ジャワへの留学を願い出されたとのこと、まことに不朽の壮図と感嘆し、かつ羨ましく思います。このことは、私もかねが着眼していたことで、現在罪を得ているのも、そのせいであります。

萩より

実際、象山が松代の地で籠の鳥の身をかこっているとき、世の中は大きく動いていた。政治の世界ほどではなくても、蘭学の研究一つをとってみても、大きな変わりようである。蘭学全般を幕府が公認したというわけではむろんない。だが、安政二年には天文方蕃書和解御用掛を独立させて洋学所を建て、翌安政三年には洋学所を蕃書調所と改称し、旗本子弟がそこに学ぶことを許可している。安政五年には、前にも触れたように、お玉ヶ池に種痘所を設立し、さすがの幕府もようやく洋書の研究を奨励しはじめる。この年は幕府官医の中に西洋医術者を採用することになり、伊東玄朴らが就任している。

だが、こうした幕府サイドの蘭学の隆盛よりは、むしろ、民間にあって、蘭学の研究は広まっていった。とりわけ、大坂の緒方洪庵の適塾には、日本中から野心に燃える若者たちがおしかけていた。その中にかの福沢諭吉がいた。福沢は後年、その自伝に蘭学修業をはじめるころのことを、次のように回顧している。福沢は中津藩の軽輩の出である。

出抜《だしぬ》けに蘭学の修業に参りたいと願書を出すと、懇意な其筋の人が内々知らせて呉れるに、「それはイケない。蘭学修業と云ふことは御家に先例のない事だ」と云ふ。「そんなら如何すれば宜いか」と尋れば、「左様《さやう》さ。砲術修業と書いたならば済むだろう」と云ふ。「けれども緒方と云へば大坂の開業医師だ。お医者様の処に鉄砲を習ひに行くと云ふのは、世の中に余り例のない事のように思はれる。是れこそ却て不都合な話ではござらぬか」「いや、それは何としても御例《ごれい》のない事は仕方がない。事実相違しても宜しいから、矢張り砲術修業でなければ済まぬ」と云ふから、「エー宜しい。如何でも為ませう」と云て、ソレカラ私儀大坂表緒方洪庵の許に砲術修業に罷越《まかりこ》したい云々と願書を出して、聞済になって、大坂に出ることになった。大抵当時の世の中の塩梅《あんばい》式が分るであろうと云ふのは、是れは必ずしも中津一藩に限らず、日本国中悉《ことごと》く漢学の世の中で、西洋流など云ふことは仮初《かりそめ》にも通用しない。俗に云ふ鼻摑《はなつま》みの世の中に、唯ペルリ渡来の一条が人心を動かして、「砲術だけは西洋流儀にしなければならぬ」と、云はゞ一線の血路が開けて、ソコで砲術修業の願書で穏に事が済んだのです。

これは考えようによっては重要な証言である。一部の知識人以外では、洋学の研究は「鼻摑《はなつま》み」ものであることは変わりなかった。その中で、砲術研究だけが、「一線の血路」として、ひとすじに西洋科学へつながる道であったのだ。

それは、ペリー来航によって、文句なしに彼我の差をみせつけられたということが、大きく作用しているだろう。だが、また、それは、象山たちが、早くからきりひらいた道でもあったのだ。すでに先鞭はつけてある。

政治の方も情勢は進んでいた。安政三年には、下田へ、初代アメリカ総領事のハリスが着任して、新しい外交交渉がはじまるのだが、象山は遠く松代にあって噂話を耳にいれるていどにすぎない。

ついで、安政四年（一八五七）には、いよいよハリスが江戸へ乗りこんで将軍に信任状を提出し、ひきつづき日米修好通商条約の条文審議に入るけれども、やはり象山の出番はない。本来なら、幕府は象山の意見を真先に聞くべきところだったが、むろん、罪人の説を聞こうなどとは誰も言い出しはしない。

幕府権威の失墜

幕府の狼狽

日米修好通商条約の交渉は、どだん場になっていきづまった。条約文審議はスムーズに進んで、日米両全権委員の意見は、安政四年（一八五七）末には一致していたのだが、幕府はそれを日本国全体に押しつける自信がないのである。

このとき、老中阿部正弘は、すでに死んでいた。首席老中で、外交関係をとりしきっていたのは、佐倉藩主の堀田正睦《まさよし》である。開明的で、西洋の文物に対する好奇心も強くて、〝蘭癖〟とあだ名されていた人物だった。この老中のもとで、下田奉行の井上清直と、目付の岩瀬忠震《ただなり》とが全権委員となって、安政四年の十一月から十二月にかけて、ペリーの提出した条約案文の審議を進め、十二月中には、あらかた合意に達した。

堀田・井上・岩瀬の三人は、ほんきで条約を結ぶつもりであり、そのつもりで案文審議もやったのである。ところが、内定した案文を、大名や旗本たちに示して意見を求めてみると、どうも反応がはかばかしくない。公然かつ敢然と反対意見を述べるものは少ないけれども、全体の空気は、消極的反対である。大変けっこうですといってくれる大名や旗本が少ないのだ。

堀田たちは困った。

困らなくてもよいという考え方もできる。幕府は元来が独裁政権であって、外交のことを大名や旗本たちに相談するという制度ではない。将軍と老中がこうすると決めれば、それで幕府の方針は決まるのである。早い話が、あの寛永の鎖国にしたところで、誰に相談して決めたものではない。三代将軍家光とその重臣たちとで、どうも南蛮紅毛どもの渡来を許しておいては幕府のためにならないからと判断し、それで鎖国ということに決定したのである。

それを徳川幕府では〝祖法〟だとして大切にしていたが、そもそも徳川氏の都合で決めたことなのだから、徳川氏の都合で変更することに何の差し支えもありはしない。

堀田正睦

それができなかったのは、やはり、幕閣の自信喪失のせいである。ペリー来航以来、すべてアメリカ側に押しまくられて、先方のいいなりに条約を結ばされてきた。幕府が主体的にこうするのが好いと判断した決定ではなく、武力でかなわないから仕方なく先方のいい分をのんだのである。

そういうことの繰りかえしでは、どうしても、これが幕府の方針だといって全国に押しつける力が出てこない。すでにペリー来航のときに、諸大名や旗本に対策意見を徴しており、そのときすでに一度自信の無さを暴露していたから、幕府の実力のほどは、大名たちにみぬかれてしまっている。反対意見をいっても、昔日のように弾圧する力はないとみくびられているので、どうも弱いのだ。

それに、将軍がだらしない。十三代家定は神経に欠陥があって、自分の決断を自分の言葉で全武士階級に説明する力をもたない。危機にたった将軍のとるべきリーダーシップを発揮できないのである。家定は、巷間に伝えられるような無能の将軍では、決してなかった。だが、それを言葉と行動で示せなければ、やはりどうにもならない。

勅許得られず

堀田正睦たちの考えた対策は、勅許をとるというものであった。

これは、絶対に正しくない方針である。幕府としては、こんなところで勅許をとろうと思ってはならない。朝廷や天皇は関係ないのである。鎖国のときにも、幕府は、勅許などとりはしなかった。開国も、幕府は、幕府自身の判断で決めればよいのだ。

しかし、いまや攘夷の嵐が吹きすさぶ状勢の中で、自信を喪失している幕閣は、勅許をかくれみのにしようと考えた。天皇の許可をとることによって、全日本的な合意という体裁をとりつくろい、それで反対派の発言を封じようとしたのである。そのために、安政五年（一八五八）の正月、老中の堀田正睦が自分で京都まで出かけ、朝廷工作に乗り出す。

これに成功すれば、まだ問題はなかった。しかし、幕府は、これにも失敗した。朝廷は伝統的に保守派で、ことにこのときの孝明天皇は、極端な夷狄嫌いである。それに、水戸藩など攘夷論の強い藩の入説が効いているから、攘夷派公卿の勢力も盛んで、容易に承知しない。堀田は四月はじめまでねばるのだが、どうしても了解をとりつけることができなかった。

松代に謹慎中の象山は、このとき、堀田のために心配してやっている。象山は、ペリーがやってきたときには幕府の弱腰に大いに憤慨したけれども、根本は開国論者だから、堀田正睦に対する評価は高かった。この人を措いて、いま外交を担当できる老中はいないのだから、失脚させては大変だと気づかっている。

そこで象山は、失意の堀田に智恵を貸そうとした。

堀田は江戸へ帰ると、待たせてあるハリスに説明しなければならない。朝廷が許可してくれませんでは済まないのである。かといって、勅許を得ないままで調印というわけにもいかない。進退に窮することは目にみえている。

象山の考え方は次のようなものだった。まず、天皇が許可しなかったのをむしろ好い機会に、この際、一度条約を断ってしまえ、白紙に戻してしまえ、というのである。

むろん、普通の方法では、それはできない。相手の非を咎めるという形にする必要がある。それには、アヘン戦争をめぐるイギリスの対中国政策をとりあげるのがよかろう。あれは誰の目からみても不法非道である。ああいう不法なことをするのがヨーロッパの正義であるのなら、そういう国国とのつきあいは御免こうむると、高飛車に出なければならない。

アヘン戦争はイギリスのことで、アメリカは関係ないとはいわせない。アメリカだってペリーが国禁を犯して江戸湾へやってきたのをはじめとして、数々の不法行為がある。決して誠実な国だとは思えない。

そういう点を列挙し、これまで幕府は、我慢に我慢を重ねて交渉をつづけてきたのだが、朝廷からの注意で改めてペリー以来の不法の数々を検討し、またこんどの条約審議の過程でハリスが行った説明の矛盾などを整理してみると、とてもこのまま貴殿とは話がつづけられない。一度おひきとり願いたい。あとのことは日本国使節が改めて貴国におもむいて、貴国政府と直接談判するから、と、こうきめつければいいというのである。

象山は、この智恵を堀田に提供するにあたって、松代藩主の名前で上書を出すのが好いと考えた。このとき、藩主は江戸にいる。松代から草案を江戸へ送り、藩の正式決定として幕府に提出するまでの所用時間、それを見込んで、かつまた、京都から帰る堀田が最初にハリスに会うより早く堀田の手に届かねば意味がない。象山は、大急ぎで書きあげ、至急便で江戸へ送った。

しかし、松代藩は、象山のこの意見を採用しなかった。罪人として蟄居している人物の書いたものを、藩主の名前で提出することなどできるものかというのである。

だから、老中堀田正睦は、せっかくの象山の献策を知らないままで、江戸へ戻ってハリスに会った。ただただ、予定どおりにいかなくて申し訳ないと頭を下げるだけである。もう少し待ってくれと懇願するだけなのだ。

ハリスは、不承々々、もう少し待つことを承知する。彼の方も計算があって、ここまで条約交渉を進めてきた堀田をあまり追いつめるのは得策でないと思っていたのであろう。

しかし、ハリスが少々待ってくれたぐらいでは、堀田には局面打開の力はない。勅許獲得という、いわば最後の手段に訴えて、それに失敗したのだから、堀田の政治的生命は終わっていたのである。

井伊独裁

それに、堀田はもう幕閣の首座ではなかった。老中としては筆頭だが、上に大老ができている。これは、彼が京都に行っている留守に決まった。

将軍家定が、自分の跡継ぎ問題がさまざまに取沙汰され、将軍としての権威がないがしろにされているのを怒って、自分の権威を守ってくれる人物を大老にしようと望み、譜代筆頭、溜間詰《たまりのまづめ》大名中の実力者、彦根藩主井伊直弼《なおすけ》を選んだのである。

大老というのは、常置の職ではなく、また置かれていても平常時にはさしたる権限は発揮しない

井伊直弼

のがたてまえだが、いったん非常事態になれば、これは非常な権力をもったポストである。老中たちの合議を無視して独断専行できるのである。

　井伊直弼はそれをやった。まず、将軍の跡継ぎを、紀州の慶福《よしとみ》（家茂）に決め、一橋慶喜《よしのぶ》をかついですぐに将軍の代行をさせようという一橋擁立の改革派の望みを絶ってしまった。ついで、条約の、幕府の権限での調印である。

　もっとも、条約調印の方は、井伊は必ずしも熱心ではなかった。保守主義者でもある井伊は、政策的には無理はしなかった。

　しかし、ハリスが脅迫した。ハリスは、日本側の内部事情とは別に、脅迫材料をつかんだのである。

　安政五年の五月、下田にアメリカ軍艦ポーハタン号が入港した。この軍艦は中国方面の情勢を伝えた。アロー号戦争で、イギリス・フランスの連合軍が清朝中国を完全に屈服させた。軍隊がひまになった英仏は、東洋まで遠征してきているついでに、日本へやってくるにちがいない。

　だいたい、英仏を材料に条約交渉を有利に進めてきたのが、ハリスの手口だった。イギリスやフランスがやってくると、もっと苛酷な条約を要求するにちがいないから、早く自分たちアメリカと、模範的な条約を結んでおけ、そうすれば、あとからフランスやイギリスがやってきても、同じ条約を結ぶほかはないのだからと。

日本側は、それに巻きこまれていた。象山はそれはインチキだというのだが、その意見は幕閣に届いていない。条約交渉がハリスの主張どおりに進んだのは、ハリスのこの方針が効を奏したという事情が大きかった。

その手を、ハリスは、ここでもう一度使った。イギリスとフランスの軍隊がいよいよ来るぞ、というのである。

ポーハタン号が入港すると、下田で幕府の出方を待っていたハリスは、すぐに、そのポーハタン号に飛び乗って江戸へむかった。そうして、驚いて艦上に馳せつけた日本側全権委員の井上清直と岩瀬忠震とに、こういう事情だからすぐに調印しなければ事態は悪化すると強調する。井上と岩瀬は、青くなって江戸城へ報告に帰った。

江戸城では、いろいろ論議がでたけれども、大勢としてはなんとか引きのばそうという意見が強かった。しかし、井上と岩瀬は、完全にハリスのペースにはまっているので、もう延ばせないという判断である。最後に井伊大老にむかって、どうしてもやむを得ないときは調印してもかまわないかと伺いをたて、井伊はそれを許した。こういう返事を単独でできるところが、大老の職権の尋常でないところである。

井伊大老の内諾を得て、井上・岩瀬両全権は、あっさり調印してしまった。いわゆる安政の仮条約である。

安政の大獄

当然、勅許も得ていないのにと国内で猛反対が起こった。そうなると、井伊大老はがんばる。幕府の職権でやったことなのだから、横あいからとやかくいわれることはないというわけである。

六月二十四日に不時登城して井伊を難詰した水戸の斉昭父子や一橋慶喜、また越前の松平慶永などはみな処罰されてしまい、堀田正睦も、老中をやめさせられた。堀田時代にハリスとの交渉に努力した開明派官僚たちも、次々と左遷あるいは罷免されていった。

つづいて本格的な安政大獄がはじまる。

その発端は、朝廷から、幕府を咎める密勅が水戸藩にもたらされたところにある。水戸藩と薩摩藩の有志たちが京都で工作し、尊王攘夷派の公卿侍たちの協力を得て朝廷を動かしたのである。

井伊大老の側からみれば、これは重大な犯罪である。政治は幕府が一手にひきうけてやっているのであって、朝廷と藩とが直接に連絡をとることなど許されていない。しかも、その連絡の内容が幕府を非難することであっては一層我慢ならないのである。

幕府はすぐに弾圧の手をのばした。まず、密勅を水戸に運んだものたちを探し出して検挙し、つづいて、広く関係者を根こそぎ逮捕しようとやっきになる。

この関係者調査に、吉田松陰がひっかかった。

松陰は、萩の獄から実父預けにと刑をゆるめられて、萩郊外の松本村で松下村塾を開いていたのだが、その間に、尊王思想を一段と徹底化させており、その思想からすると、幕府が、勅許をもらえなかったにもかかわらず、条約に調印してしまったのは、絶対に許せない。そこで、〝幕府許すべからず〟と大声で叫びはじめ、弟子たちを煽動していろいろ策をたてる。それが幕府の耳に入って、とりしらべるから江戸へおくれということになったのである。

松陰は結局死刑になった。首を斬られたのは、安政六年（一八五九）の十月二十七日である。

しかし、こんどの松陰の行動は、象山とは全く関係がなかった。象山の方は、松代で蟄居中、反幕府的なことは何もしていない。幕府を倒そうと思いつめていく松陰とは、完全にちがってきたのである。

松陰が処刑されたと聞いて象山がどう思ったのか、残念ながら、そのことを直接に示す資料は何も残っていない。しかし、象山は、安政大獄の弾圧の張本人である井伊直弼のところへ、自分の蟄居中の勉強の成果である兵器研究の新説を献上しようとした事実がある。これは、井伊の方で断るのだが、吉田松陰を殺したその中心人物に対して、自分の研究成果をささげようとしているところ

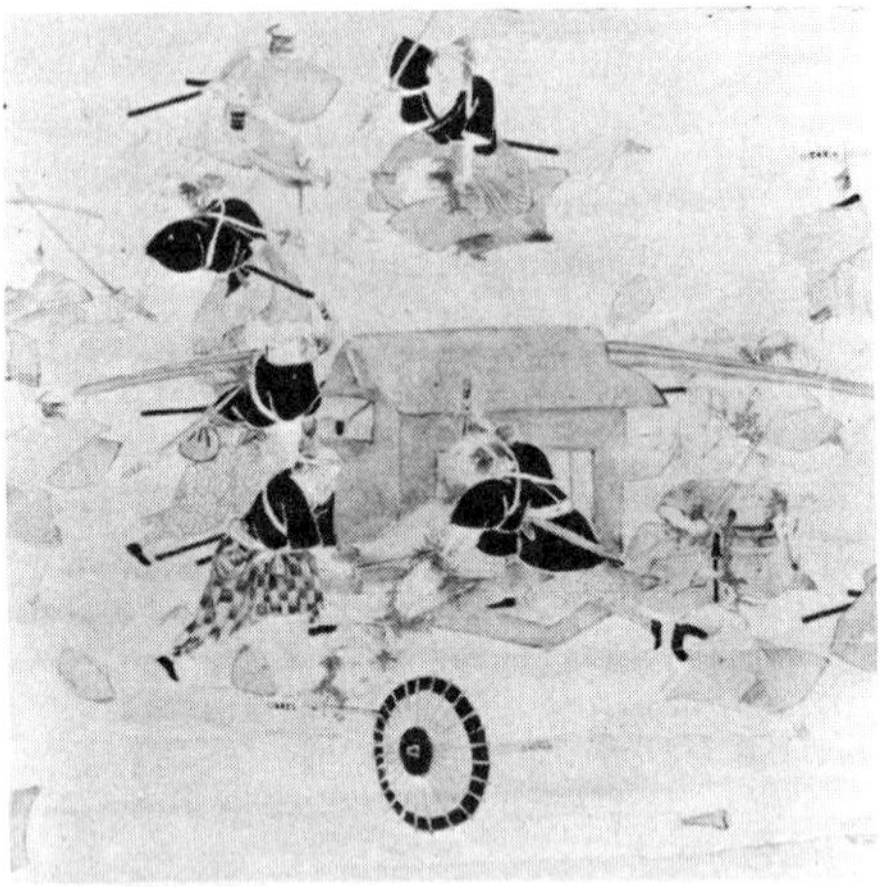

桜田門外の変

に、象山の性格、あるいは生き方の一端が示されていると見ることもできよう。

象山にしてみれば、個々の政治の動きよりも、自分の考えを日本のために役立てることの方がより重要なのであり、そのためには、政治の最高の地位にある人のところに持っていくのが一番早道だと考えたわけであろう。

万延元年

さて、その井伊大老は、万延元年三月三日、桜田門外で首を斬られてしまった。斬ったのは水戸と薩摩の浪士たちである。この事件はその後の歴史を大回転させた。

しかし、この事件にも、象山は全く関係がない。間接的な影響として、象山に対する松代藩の警戒が少しゆるやかになったことぐらいであろうか。

象山は、このころ、医学の研究に没頭していて、政治的な発言は非常に少なくなっている。松陰の弟子の高杉晋作が松代にまで会いに来たときも、医者として急病にかかった高杉を診察するという口実で面会したのだと伝えられている。

万延元年（一八六〇）に井伊が暗殺され、つづいて、翌々年の正月、坂下門事件で老中の安藤信正が襲われて傷を負うと、井伊時代のような幕府独裁体制は完全に崩壊してしまった。

文久二年（一八六二）の四月には、薩摩藩主の父で藩政を掌握している島津久光が、兵を率いて京へ上り、幕閣改造の勅命を引き出し、勅使大原重徳を擁して江戸へむかう。幕府はこれを迎えて、いわれるままに、一橋慶喜を将軍後見職、松平慶永を政事総裁職にという改革派政権をつくらねばならなかった。幕府は、井伊直弼時代とは全くちがったものになり、安政大獄で井伊に処罰されたものも、次第に復活してくる。新しく幕府の中枢に座った一橋慶喜や松平慶永にしても、一度は井伊の手で隠居させられた人たちだった。

しかし、そのように幕府の構成が変わっていっても、象山の処分はなかなかとけなかった。これは、安政大獄などとは関係のない、全くの〃別件〃である。阿部正弘時代に、禁を犯して吉田松陰が海外に渡航しようとしたのを、象山が援けたという、そういう罪なのだから、井伊の安政大獄をめぐっての情勢の変化だけでは、かえってすぐに影響が及んで許されるという筋道にはなりにくいのである。

それでも、松代藩が象山に好意的であれば、何とか許されるように努力してやっただろうが、藩はどうも象山を厄介者視している。危険な爆弾のようなものである。うっかり自由の身にしてやる

乍恐謹で申上候
私義陪臣の身分殊に久々蒙御咎罷在候者に御座候へ共當今天下の御為聊か愚見申上度奉存候私義乍不肖幼年ゟ漢籍を読み候義を心掛罷在候所先主人信濃守御加判之列被仰付海防掛をも蒙仰候砌私義に内意仕候は凡防海の要彼を熟知し候より先なるはなく候へば是より欧羅巴諸州の記載に渉り彼の紀綱政事兵制民俗何によらず記憶罷在顧問の用を辨じ候様との義に付其頃迄飜譯に相成候洋書の類取集め一読仕候義に御座候然る所何程の義も相分らず毎々隔靴搔痒の嘆を免れず追々和蘭の原書をも読習い候義に御座候　（下略）
戊（文久二年）九月

時事を痛論したる幕府へ上書稿

と、また何をはじめるかわからない。閉じこめておくに限ると思っていたようだ。

解放　権威主義　1

しかし、象山は蟄居の身であっても、これだけ政治情勢が動くと、やはり黙ってはおれなかった。この文久二年には、幕府に提出するための長い上書を書いている。

それは、勅使と島津久光の干渉によって改造された幕閣の新しい政策に、危惧の念を表明したものである、たとえば、新しい方針では、万事簡素にということで、老中の登城なども、従来のような大名行列は組まず、供は二、三騎だけで出勤している。そういうことはいけないと象山はいうのだ。

象山の主張はこうである。西洋と日本とは国体が異なる。西洋では、大統領でも大臣でも、みなそこらの商工町人が選ばれてなる。だから、役所の部下は、役所に所属しているのであって、大統領や大臣の個人的な部下ではない。だから出勤に際しての供揃えなどはしないのである。

しかし日本はちがう。

日本は封建制であって、大名たちはみな自分の家来をかかえている。そうして、その大名がたとえば老中になれば、自分のかかえている家臣たちを使って老中の仕事をするのだ。供揃えは、その関係を示している。だから廃止してはいけない。万事そういう容儀に関することはきちんと守っていかないと、国体に傷がつくというのである。

こういうところは、われわれとしては、あまり象山に賛成できない。彼の思想の限界というか、枠にとらわれた不自由さを感じてしまう。象山は非常に形式を重んじる発言をする人であることは、先に勝海舟の批判をひいて触れておいた。形式にこだわれば権威主義、正統主義におちいる。それが好い方向に発揮されればそれなりに強烈な個性としておもしろいところも出てくるのだが、こういう時期には、保守的なにおいさえしてくるのである。

それはともかくとして、この上書は、やはり松代藩当局が邪魔をして幕府には伝わらなかった。しかし、そのことが幸いしたかどうか、この文久二年の暮れになって、象山はやっと蟄居処分を解かれて、自由の身となった。安政元年四月から文久二年十二月まで、年齢でいえば四十四歳から五十二歳まで、実にあしかけ九年間も処罰されていたのである。いいかげんな精神では参ってしまっていただろう。やはり象山は、並みの人間ではない。

解放 2

幕府からの招請

さて、象山が蟄居を解かれたころから、彼のところに、諸藩から召し抱えたいとの申し込みが来るようになった。諸藩も、井伊時代の呪縛が解けて自由な発想がかなりできるようになり、先覚者佐久間象山を招いて、新しい時代の動きに対応する藩の方針を立てたいと考えはじめたのである。

吉田松陰の先生だからという線で長州藩から打診があり、土佐藩からもやはり申し入れがある。しかし、象山は、外様藩には行きたくなかったらしい。あくまで幕府を中心に考えている象山にとって、外様藩に行っては、幕政に対して腕のふるいようがないと思えるのである。

それよりも準譜代の松代藩の方が、まだ幕政に関与する機会が多い。藩主が老中になれば、すぐそのブレインとして活躍できるからである。外様藩ではそういう機会はないだろう。

このあたりの象山の判断の当否も、評価がむつかしい。時代は、公武合体時代から尊攘激派の時代、朝廷と雄藩の力が幕政を大きく左右する時代へと変わってきているのだが、象山は、その波にどう乗ろうとしているのか、ちょっと微妙である。しかし、雄藩に登用され、その雄藩の力で幕府を動かそう、あるいは幕府を倒そうというような発想は絶対にしなかったことはたしかなようである。

いろいろ迷っている象山のところへ、朝廷から召し抱えたいという意向も伝えられた。朝廷としても、世界情勢がわからなくては困るので、象山を招いて大いに勉強したいということのようであった。これには象山もだいぶ乗り気で、正式の話を待っていたが、どこかで立ち消えになってしまった。

こうして、象山を使いたいと最後に申し入れてきたのが、幕府である。

元治元年（一八六四）になって、幕府から京都へ出頭するようにとの命令が届いた。やっと象山の出番である。

Ⅳ　「東洋道徳」の実践

落日への道

上洛

元治元年三月、象山は京都にむけて旅立った。ころは春、いたるところに桜花咲き乱れる木曽路の旅は、また花見の旅でもあった。

此れ行（旅）は好き時節
観花の約を践《ふ》むに似たり
晴馬は既に人によし
雨轎《うきょう》もた悪《あし》からず
沿道の勝を探らざれば
素志つひに酬ひ難し
何れの日か公幹を了《を》へて
帰路に壑丘に眈らん
已に桟道の険なく

誰か岐阻《きそ》の難を謂ふ

二条城

象山にとって、このたびの幕府からの招請は、どう華やいでも華やぎすぎることのない喜びであったのだろう。なにしろ、天下の第一人者が、幕府に招かれて、その識見を世に示そうというのである。いまこそ、象山の年来の夢であった「東洋の道徳」を、みずからの手で天下に施《し》こうとしているのだ。象山の気持ちはそこまではずんでいた。

その軒昂たる意気のあらわれは、供揃いにまで及んでいる。息子の恪二郎や門人は別としても、銃手数人、賄方、草履取、馬口付、槍持、仲間までもひきつれての一団なのである。荷物がまた大変なものだ。駕籠や具足櫃《ぐそくびつ》はむろん、鉄砲から長持にいたるまで、それを馬十匹に積んで運ばせる。象山自身も、〝みやこ路〟と呼ばれる栗毛の駿馬に打ち乗って、堂々と京都に乗りこんだのである。

三月二十九日、一行は六角通東堂院の越前屋に旅宿を求め、象山はさっそく老中酒井雅楽頭《うたのかみ》、水野和泉守、有馬遠江守と京都所司代の稲葉長門守へ挨拶廻りをすませて、幕府からの呼び出しをいまやおそしと待ちかまえていた。

到着後数日たって、目付衆杉浦兵庫頭からの出頭命令が届いたので、象山は威儀を正し、供揃えもいかめしく二条城に出頭したのだが、おそらく老中酒井雅楽守の直々の言葉くらいはあるだろうという象山の期待を裏切って、このとき彼の前に現れたのは、御《お》徒《かち》目《め》附《つけ》の清水畸《き》太郎であった。そうして手渡された辞令には

真田信濃守家来
佐久間修理
海陸御備向掛手附御雇被仰付、御雇中
御扶持方二十人御手当金拾五両被下之

と簡単に記されていた。十頭の馬を連ね、はるばると松代からくりこんできた象山の期待とは天地のへだたりがある。さすがの象山もあきれてしばらく声も出なかったという。一度はそのまま帰国してしまおうかというほど憤激するのだが、日ならずして一橋慶喜や山階宮に招かれて、彼の得意とする西洋知識を講義して感心させ、とくに慶喜から扶持料を四十人扶持に倍増してもらったあた

りから、すっかり機嫌をなおしていた。

いよいよ、京都での象山の精力的な活躍がはじまるのだが、象山の京都での仕事に触れる前に、なぜ、幕府は象山を江戸でなく京都に招いたのか、その間の事情を述べておきたい。

昏迷する幕府

そうして、これを説明するためには、象山が身のふり方に迷っていた文久三年から元治元年にかけての中央政局の情勢を理解しておかねばならない。

文久三年、十四代将軍家茂は、徳川将軍としては実に二百年ぶりに上京した。上京してこれまでの歴代将軍の朝廷に対する非礼ぶりを詫び、天皇から改めて、政治は徳川将軍に委せるからという委任をとりつけねばならなかったのだ。そうしなければ、幕府の存在そのものが危うい情勢になってしまっていた。

孝明天皇は、徳川幕府に政治を委せることには異存はなかった。しかし条件がついている。必ず夷狄を撃《う》ち攘《はら》えというのである。

天皇が攘夷を条件とするのは、天皇自身の思想に加えて、長州や土佐などの尊攘激派、またその影響を受けた公卿たちの考え方が反映しているわけだが、幕府の責任も決して軽くはない。幕府は、和親条約や通商条約を結びながらも、国内的には、力をたくわえてそのうちに攘夷するという

下関戦争

ことを公式に表明しつづけてきた。皇女和宮の降嫁を願ったときにも、ひきかえに攘夷の約束を再確認しているし、文久二年の幕閣改造のときにも、攘夷をするという方針を付帯条件としてつけられており、それを承認していた。

つづいて同じ文久二年に、攘夷督促の勅使三条実美《さねとみ》と姉小路公知《きんとも》とが東下したときにも、攘夷奉承を誓っている。だから、将軍が京都へ出てくれば、天皇が、攘夷を実行するのはいつだと聞くのは、しごく当然なのである。

幕府はここで、とても攘夷などできないと正直に答えることはできなかった。それなら政治を委せることをやめるとでもいわれると、幕府は倒れるかもしれない。それでは困る。そこで、ともかく、文久三年の五月十日を攘夷実行の日に決めてしまうのである。

もちろん、幕府には、ほんとうに攘夷する気はない。しかし、たとえば、長州藩が関門海峡で外国船を砲撃したのは、形式的には幕府の方針に従ってやったことになる、尊攘藩が本気で攘夷をすればするほど、幕府は窮地におちいるのだ。

この幕府の危機を救ったのが、文久三年八月の、いわゆる八・一八のクーデターである。会津藩と薩摩藩が手を組んで、尊攘一本であばれ回っている長州藩と長州系浪士たちを京都から追っぱらってくれた。

クーデター

それで、京都を長州に乗っとられる危機はどうやら回避したのだけれども、攘夷という方針までは変えられなかった。これは天皇と将軍とが約束した方針である。長州は、幕府が攘夷の約束を果たさないことを口実に幕府を倒そうというところまで進んでいたので、全体の情勢から浮きあがってしまい、天皇からも嫌われたのだが、攘夷ということでは天皇も強烈な攘夷党で、それをあくまで幕府にやらせるのだと思い定めているところが長州とちがうところである。

だから幕府は、長州を京都から追い出したあとになっても、攘夷の方針をすぐに変更することはできなかった。藩としては、開港方針に踏みきっている越前藩や薩摩藩などが、長州がいなくなったのだから開港方針を確立しようと提案してくるのだが、幕府はそれに乗らない。いや、乗れないのである。

かといって、幕府は、日本政府として正式に諸外国と交渉を持っているのだから、いつまでも攘夷方針を掲げておいて好いわけはない。どこかで開国開港を国是とすると、はっきり宣言しなければならない。しかし、それは、天皇の信任をとりつけたままでやらなければならない。その転換に際して、朝廷から見はなされては困るのである。つまり、朝廷の考え方、天皇の考え方を開国開港に切り替えさせた上で、幕府の方針の転換を公式に表明しなければならない。

象山が京都へ呼び出されたのは、だから、幕府のために朝廷を説き伏せてもらおうというものだった。幕府の幹部がやってもうまくいかないので、大学者佐久間象山にそれをやってもらおうというのである。

象山は、喜んでこれに応じた。

自　負

京都の情勢は、先にも書いたように、象山にとって決して楽観すべきものではない。天皇も公卿も攘夷でかたまっており、幕府はそれを洗脳する手段をもたないのである。しかし、だからこそ自分が必要なのだと張り切るところが、象山の強さである。『省諐録』で、象山はこういっている。

他人が知ることのできないことを自分だけが知っており、他人にはなし得ないことを自分だけがなし得る。これは、特別に私が天恵を受けているからである。この天恵の能力を、もっぱら自分だけのことを考えて、天下のために行使しないということであれば、その罪は大きい。

おそるべき自負である。大変な鼻息だが、こうした感じの言葉は、『省儃録』の随所にみられる。

君父が病気をしたときそれを案じて薬を探し求めている人が、その薬を見つけたとしよう。その薬が大いに効力のあることがわかれば、値段や薬の名の評判などは問題にせず、必ずこれを病気の君父にすすめるだろう。ところが、君父がそれを嫌って飲んでくれないとすれば、君父をだまして策略で飲ませてしまうか、あるいは、何もせずただ死を待つのか、どちらかである。臣子の情として、何もせず手をつかねてみているわけにはいかない。あとで怒りをうけるとわかっていても、君父にこっそり飲ませてしまうべきである。

そうだ。象山は、開港論という薬を、天皇や公卿たちに飲ませにやってきたのである。その仕事を、将軍後見職の一橋慶喜も、老中や若年寄も、その他大勢の幕府の要職にある人たちの誰もできない、自分だけが特別の能力を天から授けられている。自分だけにこれができるのだと、象山は深く自負しているのである。

実際、『省儃録』には、このときの象山の心境にぴったりの言葉が、次から次へ出てくる。十年も前に書いたのに、まるでこのときのために用意しておいたような感じさえ与える。

昔から忠義を尽くさんとしながら罪を受けたものは、数えきれないほどいる。だから、私は忠義をなすことによってたとえ罪を受けても恨もうとは思わない。だが、忠義を行うべきときに行わないで手をこまねいていると、国の危機はすくいがたいところまで進んでしまう。これこそが憂うべきことなのだ。

象山にとって、いまこそ、「忠義を行うべきとき」なのだ。まだ、鎖国攘夷だとがんばっている京都の世論、ひいては日本の世論を、早く開港論に転換させなければならない。それをやらないと、「国の危機は救いがたいところまで進んでしまう」のだ。その危機の進行を喰い止める力が、自分にだけは備わっていると象山は確信している。

そう確信している以上は、自分は死んでもかまわない。

たとえ私は今日死すとも、後世、必ず公正な論が興って私の正しさを証明するだろう。だから、私は、悔《くや》むこともなく恨むこともない。

大局的にみれば、そのとおりになった。象山は、この年、京都で殺される。しかし、日本の進路は、象山が先駆者として切り拓いた方向を取ったのである。

君子の五楽

こういう象山の、思想と行動の軸となるような言葉、それを『省諐録』からもう一つだけ紹介しておこう。

象山は、「君子には五つの楽しみがある」という。第一は、

一族のものがみな礼儀を心得ており、親子兄弟の間に不和がないこと。

であり、これは、儒学の基本道徳である。儒学は何よりも「家」の道徳であり、親に孝を尽くすことを中心として全規範が構築されている。

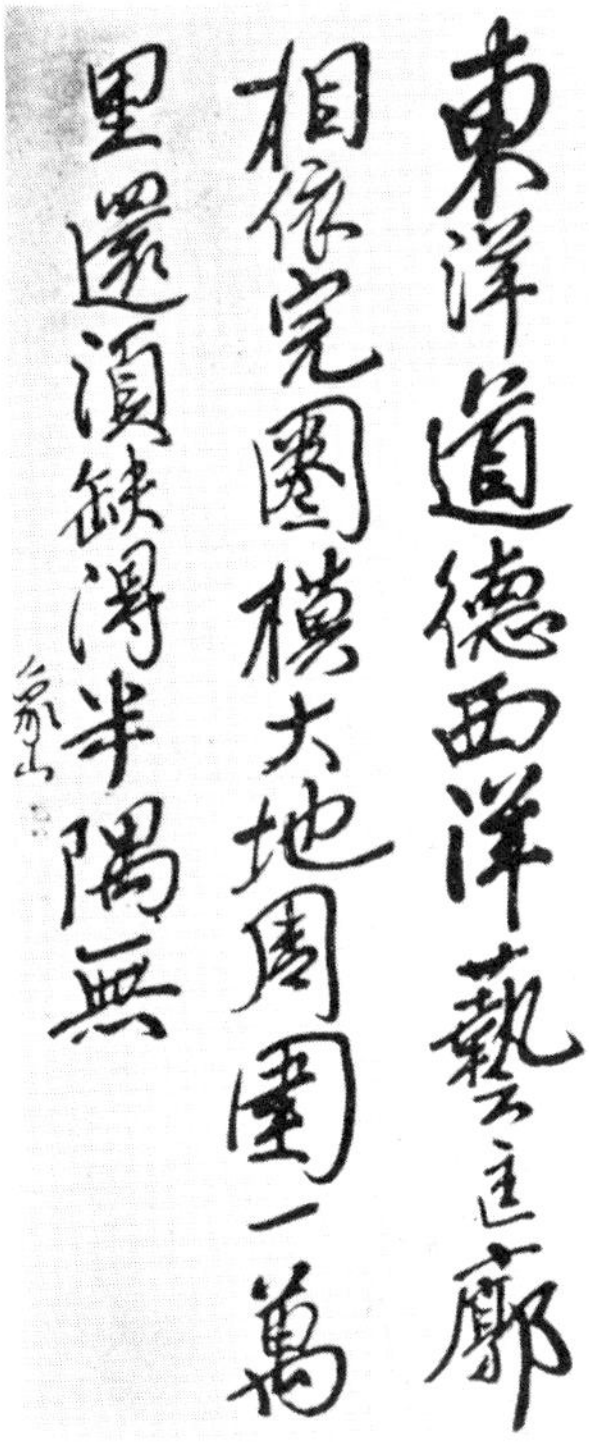

象山の書

第二は、

金品の授受をいいかげんにせず、内には妻子に恥じるところなく、外には民衆に恥じないこと。

であり、「金品の授受」というところが

なかなかおもしろい。象山は、洋学研究時代に、金銭的にはずいぶん困窮して、借金を重ねるなど無理な暮らしの経験があるので、何か骨身にしみるものがあったのだろう。

第三は、

聖人の教えを学んで天地自然や人間の大道を心得、時の動きに順応しながらも正義の道を踏みはずすことなく、危機に出会えば、平常心をもってきりぬけること。

これは第一番目の個人的、家庭的規模の道徳を政治の世界に延長してきたものである。このように道徳を政治のレベルに持ちこみ、政治のレベルでの行動の正しさの基盤を「聖人の教え」、「天地自然の大道」に求めるのが、儒学とりわけ朱子学の特徴なのである。

第四は、

西洋人が自然科学を発達させたあとに生まれたため孔子や孟子ですら知らなかった理を究める。

これは、洋学者象山の真骨頂であるけれども、それがやはり、儒教の文脈でとらえられていることに注意しなければならない。洋学を、孔子や孟子以後の儒学の中にどう取り込んでくるかが、象山の使命なのだ。

そうして第五番目の楽しみとして、

東洋の道徳と西洋の芸術、この両者についてあますところなく詳しく究めつくし、これによって民衆の生活に益し、ひいては国恩に報いる。

という言葉が置かれている。「東洋の道徳、西洋の芸術」については、もう説明を繰り返す必要はあるまい。これは彼の心の支柱である。象山は、多年の儒学と洋学の研究によって、この精神を自己の一身に体現できていると信じているのだ。

大命

乱を治める

元治元年、象山は、このような根本精神にもとづいて、京都で精力的に活動した。まず、京都における幕府の代表者格である一橋慶喜に、自分の構想を説いて了解を得なければならない。それは、彼の京都での動きの基本ベースをつくるものである。

象山が慶喜に会って、何を話したか、その記録は残っていない。しかし、面談の前後に慶喜宛に書かれた手紙があって、それによって彼が慶喜に何を説こうとしたかは、ほぼ説明できる。

象山は、その当時の日本の形勢を、易《えき》で説明している。易とはまたひどく古いものを持ち出したようだが、これは別に相手にのみこみやすくするための方便ではない。象山は易を信じていたのである。これは彼の「東洋道徳」の大切な部分なのだ。

さて、その易によると、いまの時勢は「蠱《こ》」の卦《け》に当たるという。易の説明はなかなか大変だが、こういうことは他ではあまり聞く機会もないかとも思うので、少し解説しておこう。

まず「蠱」という字であるが、この字は「虫」と「皿」とで構成されている。皿といっても瀬戸物の皿ではない。木の皿である。木の皿に虫がつけば壊れてしまう。皿を長い間使わずにいると虫がつく。人間も働かないで飲み食いばかりしていれば病気になる。天下も長い間めざましい政治が行われないままだとくさってくる。みな「蠱」である。

「蠱」の卦象を厳密にいうと、艮山《こんざん》の下に巽風《そんぷう》がある、つまり巽風艮上である。風が山にぶつかって回ると、草木はみな吹き荒される。またこの卦の第二爻から第四爻にかけては兌の卦で、これは正秋である。秋に山の木の葉が乱れるかたちである。いずれも末世の平穏ならざるかたちなのである。だから「蠱」は、吉凶をいえば凶の卦である。「蠱乱」なのだ。

しかし古《いにし》えから、乱あれば必ず治まるという。治は必ず乱により、乱は必ず悟を開くわけである。易にいう「窮すれば則ち高じ、高ずれば則ち通ず」なのだ。

一橋慶喜

易ではまた、「蠱」の卦の説明として、「元《おおい》に亨《とお》る」とも、また「大川を渉《わた》るに利《よ》ろし」ともいう。「大川を渉るに利ろし」とは、艱難険阻を勇往して世の乱れを救うことである。救うからこそ「元に亨る」のである。

その艱難を勇往するについて、その道は尊卑上下の義を下しつつ行かねばならない。これは象山のやや独自の解釈が含まれているようだが、下のものが従順で上のものの施策に安んじているという状態になってはじめて「蠱乱」は治まったといえるのだ。拙速でいいかげんな手を打ってはいけないのである。

この拙速でいいかげんな手を打ってはいけないという説き方には、実は、二年前の文久二年の幕政改革に対する批判が含まれている。先に少しだけ触れたが、まだ蟄居謹慎中だった象山は、この改革に反対で、上書を提出しようとした。

それは、老中の供揃えを廃止するような、封建制の根幹を危うくするような改革をしてはいけないという趣旨のものだった。そのときの改革を推進した当事者が、将軍後見職になったばかりの一橋慶喜だった。易の説明をしながら二年前の改革について苦言を忘れないところが、いかにも象山式である。

朝廷説得

象山の説明はつづく。

「蠱」の卦にはまた「甲に先《さき》だつこと三日、甲に後《おく》るること三日」ともいう。「甲」とは最初の数で、一日のはじまり、事件の端緒である。「甲に先つ」とは、事件の前にさかのぼってその原因を究めるということである。「甲に後る」とは、事件のあとのなりゆきに心を配って、まさにそうなろうとするところを見通《とお》すわけである。原因をよく究めればそれを救うことはむつかしくない。

これもやはり、一昨年の文久二年の幕政改革に対する批判である。痛みがあるときは、たしかに応急の措置が必要だけれども、同時に長い目でみて病気を根本からなおす手を打っておかねばならない。あの幕政改革では、「甲に先つこと三日、甲に後るること三日」というような根本的な政策が考えられていなかった。それでは「元に亨る」となって治に復することはむつかしい。

それでは、象山のいう根本的な改革とは何か。たとえば、仏教の寺を整理削限して儒学を盛んにせよという主張などがそれである。とくにこの件は、仏教関係者が大勢で無為徒食しているのをやめさせるという点で、財政経済政策の根本であると同時に、人間政策の基本でもある。政治は人材によって運営され、その人材は学術によって養成される。天下の学術を正し、儒教を盛んにし、それによって為政者たる大名が旗本の子弟を教育することこそが根本的な政策なのである。彼のいう「東洋道徳」の基本なのだ。

それにいま京都に来ている象山にとってとくに大問題は朝廷のことである。やはり「蠱」の卦の第一爻の説明では、「父の蠱を幹《ただ》す、子有れば考《ちち》も咎无《とがな》からん、厲《あやう》けれども終には吉なり」とある。象山には、易の作者の周公が、まさに今日のためにこの説明を書き残しておいたかのように思える。

天皇から見れば将軍は子にあたり、将軍からみれば一橋慶喜は子にあたる。一橋慶喜が名を正す仕事を立派にやれば、良い子を持ったために将軍には咎がなくて済み、将軍がその仕事を立派にやれば、朝廷は良い子を持ったために咎がなくて済むことになる。
そうして、一橋慶喜は、問題の要《かなめ》に居る。さしあたって、慶喜が開港問題で朝廷を説き伏せられるかどうかに、日本の将来がかかっているというのが、易まで動員した象山の結論である。象山はそのために慶喜を助けなければならない。象山の責任もまた重いことになる。

山階宮の招き

一橋慶喜のところへ呼ばれて、おそらく右に述べたことを中心内容とする建白をしたのに前後して、象山のもとに、山階宮から参殿するようにとの通知が来た。山階宮は、伏見宮邦彦親王の王子で山階宮家を創立、さらに孝明天皇の猶子となって晃親王と呼ばれる人物だ。有名な青蓮院宮、つまり復飾しての中川宮とは兄弟である。朝廷の中心、孝明天皇のすぐそばにいる人物なのだ。

この人からの呼び出しで、象山は緊張した。お召しのとおり参殿していいかどうか一橋慶喜の方へ問い合わせる慎重さである。一橋の方からは行き届いた心づかいだとほめてきた。

さて、山階宮からは、馬を連れてくるようにとの連絡である。現在京都御所は、門を入ると広い空地になっているが、当時はそこにびっしりと空家や公卿の屋敷がならんでおり、山階宮の屋敷もその一角にあった。この一帯に馬を入れることは禁じられているのだが、門のところでそういってくれれば、当屋敷の方からしかるべく取りはからうから、かまわずひいてこいという丁重なさそいかけだった。四月十日のことである。

象山はいわれたとおりに馬を連れていった。信州で苦心して手に入れ、上京の際に使うのだからと〝みやこ路〟と名づけた馬である。

参殿すると、まず拝謁である。手ずから三方に載せた熨斗《のし》鮑《あわび》・昆布を下され、つづいて、珍しい馬をひいてきているから乗ってみせよとの命令である。珍しいとは馬具のことだ。象山は洋式馬具を使っており、それを尊攘派の連中は目の敵にしている。それを山階宮が見たいというのだから、象山は感激した。

馬は庭に引き出された。広い庭で、松代の上の内馬場を二つ合わせたくらいはあると手紙に書いている。その広い庭を、象山は縦横に乗り回してみせた。十四、五回も乗り回した。それでいったん馬を外に出したのだが、もう一度見たいとの希望で、再び引き入れて御覧にいれた。人も馬も大いに光栄に浴したわけである。象山は〝みやこ路〟を改めて〝王庭〟と名づけようかなどと考えている。

馬を見せたあと、こんどは西洋の天文・地理・兵法についての質問があった。さすがの象山も、最初は遠慮して、お側の人にむけて答えていたのだが、宮の方から「佐久間、佐久間」と直接の問いかけがあるので直答方式にきりかえた。朝廷工作の第一着手としては大変な成功である。

朝廷工作の成功

この山階宮への参殿が縁となって、五月には、宮廷第一の実力者、中川宮に面会できた。中川宮は、文久三年八月十八日のクーデターで、孝明天皇の意を体して尊攘激派を追い出した首謀者である。その中川宮のところへ、山階宮は、わざわざ足を運んで、佐久間修理に会ってやってくれと頼んだのである。

山階宮からの連絡で、象山は五月三日に、中川宮を訪問した。折悪しく気分がすぐれないからゆっくりはできないけれども、ともかく顔合わせだけはしようと席に導かれ、やはり宮手ずから熨《の》斗《し》を下され、「幾久しく」という言葉もあった。また、今日は頭痛がするので話を聞けないから、改めてゆっくり来てくれとの挨拶である。

そうして五月十五日、こんどは中川宮からの召し出しで、改めて参殿した。人払いの上、二時間もみっちり話を聞いてくれる。象山も、天皇その人を除いては、この中川宮こそが肝要の人物だと心得ているから、順序を立てて思うところをすべて説明した。その結果は、象山が、妻のお順に宛てて報告しているところによると、

中川宮は私の話にことのほか感服され、これまでそちのように利害を明らかに筋を通して理《ことわり》を尽くして話してくれたものはいなかった。一昨年そちが京都に出てきてくれていたら、天下はこんな姿にはなっていなかっただろうに、とおっしゃってくださった。まことに身にあまるおこ

とばで、何とも申しあげようもありません。

というような、象山自身も感極まった反応を示している。

「一昨年そちが京都に出てきてくれていたら……」とは、むろん文久二年の京都の尊攘激派の全盛ぶりを指している。象山が出てきて宮や公卿を説いてくれていれば、朝廷があんなにも攘夷論にまきこまれてしまうことはなく、日本の進路は、もっと早く、もっと正しく決まっていたのに、というわけだ。象山にとって、これ以上のほめ言葉はあるまい。彼の宮廷工作は、成功裡に進んでいるのである

時の痛み

私生活

京都において、象山は、自分の年来の夢である「東洋の道徳」の実現をめざして、政治家としてまことに多忙な日々をおくっていたのであるが、一方ではまた十分生活も楽しんでいる。このあたりが、常人に真似のできないところである。

象山は、京都に来た最初は、東洞院六角の越前屋という旅館にいたのだが、いつまでも旅館住まいというわけにもいかないので、四月十四日に、加茂川の東側、川端丸太町に居を移した。旧友梁川星巌の未亡人紅蘭の仲介で買ったのだと伝えられる。しかし、これは手狭でどうも気に入らなかった。

そこで、中川宮に二時間も説いた翌日の五月十六日に、木屋町三条上ルの家に引っ越した。間数は全部で十五、六、二階に八畳二間と六畳に三畳と、四間もあって、全部屋に押し入れがついている。木屋町の家で、それだけ大きいと、裏は必ず鴨川に面している。川をへだてて比叡山、東山の峰々、清水寺などが一目でみわたせる。すばらしいながめである。馬小屋も便利なところにあり、台所も広く、誰が訪れてきても困らないと、象山は大いに自慢だった。

家に満足すると、こんどは女である。妾を二人つくった。

一人は正親町《おおぎまち》五条大納言家の召し使いでお手がついて子供を産んだものの妹である。大納言の妾になるほどの女の妹だから、素性もよく、琴もできる、ほっそりとして品が良く、針仕事もできるという。とくに美しくもないがみにくくもない、というのはどの程度の基準ではかっているのかよくわからないが、ともかく象山は満足して、この女を家にいれることにした。

象山遭難の碑

ところが、それが決まったところで、もう一人の候補者が現れた。菅原道真の末流、唐橋家の身内の水島掃部《かもん》というものに娘がある。その娘の兄が軍学などやって象山に好意をもっており、象山が妾を探していると聞いて、もし子供が生まれれば名家の血すじが残るわけだから妹を差し出したいといってきた。会ってみると、こちらもわるくない。とうとう、二人とも妾にしてしまった。
どういうわけか、ちょうどそのころ、国許の松代で、象山が京都で妾を二人置いたという噂が広まった。松代の妾の一人、お蝶という女が、本当かどうか問いあわせてくる。

それに対する象山の返事がふるっている。

たしかに二人妾を置いた。ずいぶん早く噂が伝わったものだと驚いたが、よく考えてみると、そちらで推量したのが偶然当たっただけのことだ。二人の妾が私の住まいに来たのは、そちらの手紙の日付の六月三日なのだから、事実が伝わってのことではない。国許の連中が、〝象山は松代でも正妻のほかに妾を三人も置いたほどの男だから、京都へ出てもすぐに妾の二人ぐらいはつくるだろう〟と無責任な噂をしているのがたまたま適中したのだ。おもしろいことだ。

京都で妾をもつのは、天下のために身を捨てて苦労しているのをいささかはなぐさめてもらうためである。決してお前のことを忘れるとか、粗末にするとかいうつもりは少しもない。だから、どんな女を置いたのかも、少しもかくさず詳しく書いてやる、というのだ。

しかし、お蝶は、やはりヤキモチを焼いたらしい。次の手紙には〝女を集めてさぞおたのしみのことでございましょう〟という意味のことを書いたようだ。

それに対して、象山は、厳しく訓戒を加えている。いったいお前は、今日の京都の様子や天下の形勢を何と思っているのか、とまず、嫉妬する妾に対して天下国家から論じるあたり、象山らしい。

つづいて、自分は、老中や若年寄方などですらできない仕事をひきうけて日夜苦労しており、その上、浪人どもからはつけ狙われて、夜も安心できない。明けても暮れても他人の知らぬ心配をしているのだ。〝お妾を置かれて少しでも心がなぐさめられればよろしいことです〟とでもいってほしい。

それに自分はもう一人か二人は子供がほしい。もう自分は若くはないのだから、ゆっくりかまえてはおれない。土地が変わり、相手の女もちがえば、また生まれるかもしれないではないか。この時節では少々の金は惜しんではおれない、というのだ。むろん、子供がほしいというところでは、自分の家系のことを持ち出して、また一席弁じている。これは象山が妾を持つときにいつも使う論法で、お蝶も耳にタコができていることだろうが。

終わりなき理想

さて、家に満足し妾に満足した象山は、いよいよ最後の仕上げにとりかかる。

このように生活を楽しんでいる間も象山は、二条関白、常陸宮等々と、連日のように宮家や公卿を訪問しては開国論を説いているのだが、ころやよしと、いよいよ勅諭の草案を起草するのである。天皇の名前で、朝廷が開国開港の方針に切り変えることを天下に宣言しようという狙いなのだ。

これは、相当に骨の折れる仕事である。これまで朝廷は、攘夷一点ばりであり、幕府はその朝廷の意向に面従腹背で、開国開港の既成事実をどんどん作っていた。その双方の立場を考慮し、両方の面子《めんつ》を損なわないように、うまくレトリックを使いながらまとめあげねばならないのである。

象山はそれをやってみせる。彼の起草した勅諭案は、かなり長いので、全文を紹介することはむつかしいが、適当に要約しながらその論理の構造を追跡してみよう。

まず草案は、鎖国を評価する。


鎖国は、幕府が独自にやったのであるけれども、しかし、時の天子の了解を求めており、その後二百年、外国の軽侮を招かなかったのは、なかなかの成果だった。

ところが、朕《ちん》（つまり孝明天皇）の代になって幕府はアメリカの要求に屈し、自分の了解を求めもしないで次々とアメリカに譲歩していき、幕府内部では忠義のものが退けられて姦吏が勢力を張っている。自分は憤激に耐えられず、有志の諸侯に勅を下して、鎖国の法に復し外国人を追い出せと命じたこともあった。

しかし、いまの将軍が職を継いでからは、幕府も自分の意見を大切にし、忠義の士を登用してその職掌を尽くそうと努力している。だから自分は、幕府に対する怒りをやわらげ、今後ともたのみにしようと思う。

さて、現国の情勢を考えてみると、欧米が開発している科学技術を、日本はまだ手中にしておらず、力に差があることは否定できない。清朝中国の例を見ても、軽率に戦争を起こすことは危険である。

ところが、一、二の藩では、この利害得失を考えず、まず戦争をはじめて人心を統一し、軍備＝軍艦大砲は戦いながら準備すればよいなどと主張している。どうしてこのような無謀な主張をなし得るのか、朕は疑う。

自分は、占いによって、天つ神の御心を問い奉るものである。それによって方針を決定する。汝ら諸大名以下浪士にいたるまで、自分の意図を理解し、軽率のふるまいがあってはならない。もしこの詔に従わないものがあれば、それは乱逆の徒だから、幕府および諸藩に命じて攻め滅ぼすであろう。

これが、象山の起草した勅諭草案の要旨である。なかなか立派なものだ。天皇および朝廷の面子を立てながら、幕府の意図はきっぱりと貫いている。本当にこの勅諭が出れば、幕府はずいぶん楽になったにちがいない。

暗殺

しかし、象山がここまで構想をまとめてきたとき、京都の物情は一段と騒然としてきた。前年の文久三年の八・一八クーデターで京都を追われた長州が、失地回復をめざして攻めのぼってこようとしていたのだ。象山が妾を二人も手に入れてホクホク喜んだ翌々日の六月五日には、新選組が密談中の尊攘派志士を襲ったあの池田屋事件が起こっており、それで、長州勢の

象山の遭難（元治夢物語）

京都進攻の気運は一段と強まった。

象山は危機感を持った。長州勢が上京して天皇がまた彼らの手中に陥ちたら、二年前の尊攘激派全盛時代の二の舞いである。勅諭どころのさわぎではない。

そこで象山は、天皇を彦根に移すことを考えたらしい。一橋慶喜をはじめ幕府幹部、中川宮はじめ宮家公卿、また京都守護職会津藩主松平容保の家臣山本覚馬などを説いて回り、実現を急いだ。

これは尊攘派を強く刺激した。それでなくても象山は、西洋鞍をつけた馬を乗り廻して開国論を説いて回っているのだから、攘夷派には早くから睨まれていた。そこへ彦根に天皇を移すという話である。これが実現すれば、京都を回復しようとの長州系尊攘派のもくろみは、全く無駄になってしまうだろう。

象山を斬るその決定がいつやられたのか、はっきりしたことはわからない。しかし、これは一人や二人の暗殺者の思いつきではない。彼が木屋町三条上ルの自宅へ帰る直前の路上で襲われた七月十一日は、長州藩兵と長州系尊攘浪士の大軍が山崎まで進出して陣を構え、洛中の志士たちと連絡しあっていた。山崎の本陣で象山を斬ろうとの決定が行われ、その指令でかなりの人数が動いた公算が大きい。

断を下したのは、吉田松陰門下の筆頭久坂玄瑞だとの説がある。この説が真実だとすれば、皮肉なものだ。松陰はかつて象山を師とも先輩とも仰いだことがある。その松陰の愛弟子が象山を狙うなどとは、いかにも乱世だ。

もっとも、直接手を下したのは、肥後出身の河上彦斎《げんさい》だともいうが、これにも確証はない。ともかく、馬上の象山を多勢で押しつつみ、逃げられないようにして斬ったという説と、突然走りよってきた人物に、まず脇腹を刺されて落馬したところを背後から斬られたのだという説がある。

象山、五十四歳の生涯であった。

佐久間象山年譜

年号	西暦	年齢	象山関係事項	参考事項
文化八	一八一一	一	○二月二八日、松代城下字浦町に生まれる。父一学五〇歳、母まん三一歳。	○幕府、天文方に蕃書和解御用を設ける。
一一	一八一四			○松平定信、退隠。
一二	一八一五			○杉田玄白「蘭学事始」できる。
文政一	一八一八			○英船、浦賀に来て貿易を求める。
六	一八二三			○シーボルト来朝、翌年長崎に鳴滝塾を開く。○松代藩主真田幸専致仕、幸貫封を継ぐ。
八	一八二五	一五	○嫡子の届出許可。四月、始めて藩主幸貫に謁す。	○異国船打払令。
九	一八二六	一六	○鎌原桐山の門に入る。	
一〇	一八二七	一七	○始めて藩老恩田頼母と相識る。	
一一	一八二八	一八	○家を継ぐ。一〇月父一学致仕。	○シーボルト事件。
天保二	一八三一	二一	○三月、藩世子の近習役となり、五月	

天保三	一八三二	二二	これを辞す。 ○八月、父一学没す（七七歳）	
四	一八三三	二三	○一一月、江戸に遊学、佐藤一斎の門に入る。	○この年、各地に一揆、打毀し頻発。
七	一八三六	二六	○二月、帰藩。この年から象山の号を用いる。	○各地の一揆、打毀しつづき、奥羽、飢饉のため餓死者多く出る。
八	一八三七	二七	○五月、学政改革の意見書を藩に提出。	○2 大塩平八郎の乱おこる。○4 将軍家斉退隠、家慶後を嗣ぐ。○6 生田万の乱おこる。○アメリカ船モリソン号浦賀に来り、浦賀奉行これを撃退する。
九	一八三八	二八	○一一月、名を修理と改める。	○10 高野長英「夢物語」を著す。○緒方洪庵、大阪に適塾を開く。
一〇	一八三九	二九	○二月、再び江戸に遊学。○六月、神田お玉が池に象山書院を開く。	○12 蛮社の獄、
一二	一八四一	三一	○九月、江戸藩邸学問所頭取となる。	○1 前将軍家斉歿。○5 高島秋帆、徳丸原で砲術演習を行う。○6 真田幸

天保 一三	一八四二	三二	○藩主真田幸貫海防掛となり、象山に海外事情の研究を命じる。　○九月、江川担庵に入門。　○一一月「海防八策」を上申。	貫、老中となる。
一四	一八四三	三三	○一〇月、郡中横目役となる。　○一二月、佐久間家中絶以前の百石高に復す。同月、いったん帰藩、江戸での殖産興業策の準備に着手。	○3　人返令　○3　上知令　○9　真田幸貫、海防掛をやめる。
弘化 一	一八四四	三四	○六月、黒川良安にオランダ語を学びはじめる。　○七月、ショメール百科全書により硝子を作る。　○一〇月、郡中横目役として鞜野村に出張。　○一一月、鞜野・湯田中・佐野三村利用掛となる。　○一二月、黒川良安にオランダ文法を習いはじめる。　○二月、オランダ文法を修了する。	○3　フランス船琉球に来て通商を求める。　○7　長崎奉行、オランダ特派使節より、同国王の開国勧告書を受け、これを江戸に回送する。
弘化 二	一八四五	三五	○五月二〇日、長女菖蒲生まれる。（母、妾お蝶。一一月夭折）。　○六月、カルテンの砲術書を読んで江川	○3　アメリカ船漂流民を護送して浦賀に来航、7　イギリス船長崎に入港。

弘化	三	一八四六	三六	説に疑問を抱く。○閏五月松代に帰り御使者小屋を借りて住む。○七月、長男恭太郎生まれる。(母、妾お蝶、九月夭折)。	○2 孝明天皇践祚。○5 アメリカ東印度艦隊司令長官ヒッドル浦賀に来て通商を求める。
	四	一八四七	三七	○三月、信濃大地震、出役の功により藩主より賞される。○一二月、郡横目役を免ぜられる。	○9 水戸慶喜、一橋家を嗣ぐ。
嘉永	一	一八四八	三八	○六月、鞜野山中に入り鉱脈を発見。○八月、佐久間騒動おこる。○一一月、次男、恪二郎生れる(母、妾菊)。	○この年、外国船、対馬・五島・蝦夷地・陸奥・出羽沿岸に出没。
	二	一八四九	三九	○二月、オランダ語字書『ヅーフ・ハルマ』の増補改訂版を藩費で出版計画 ○五月、同書を自費で出版計画 ○一〇月、同書の出版を幕府に願い出る。○一二月、恪二郎に種痘を施す。	○3 アメリカ軍艦プレブル号、長崎に来航。○4 イギリス軍艦マリナー号、浦賀・下田に来て江戸湾内を測量。
	三	一八五〇	四〇	○二月、松代城南虫歌山麓で砲術を演ずる。三月、幕府よりオランダ語字書出版不許可の返事あり ○一一	○6 オランダ船長崎に来て、米国が日本との貿易を望む旨の風説を伝える。○12

年号	西暦	年齢	事項	一般事項
			月、三男惇三郎生まれる。（母、妾お蝶）。	高野長英自殺。
嘉永四	一八五一	四一	○二月、松代城西生萱村で大砲の射撃を演じ、幕領で紛争を生じる。○五月、三村利用掛を免じられ江戸木挽町に居を定め、砲術を講ずる。小林虎三郎、吉田松陰ら入門。	○1 土佐漂民中浜万次郎らアメリカから帰る。○2 島津成彬、薩摩藩主を嗣ぐ。
五	一八五二	四二	○六月、藩主真田幸貫没し、墓誌銘を撰す。○三男惇三郎夭折。○一二月、勝海舟の妹、順を娶る。	○8 オランダ商館長、ジャワ東印度総督の書を渡し、鎖国の危険を説く。
六	一八五三	四三	○六月、米艦、浦賀に来り、藩の軍議役に任じられる。○「急務十条」を書き老中阿部正弘に提出。○九月、吉田松陰のため送別の詩を作る。	○6 アメリカ東印度艦隊司令長官ペリー浦賀に来航、国書をもたらす。○6 将軍家慶没。○7 ロシア使節プーチャチン長崎に来る。○12 プーチャチン再来し、国境協定、和親通商等を協議（応接使川路聖謨ら）。
安政一	一八五四	四四	○下田開港に反対し、横浜開港を力説。○四月、吉田松陰の密航事件	○1 ペリー再来 ○3 日米和親条約調印。下田・

			に連坐し、江戸伝馬町の獄に下る。○九月、蟄居を命じられ、松代に帰る。○一一月聚遠楼に蟄居する。○獄中「省諐録」を作る。	箱館開港。○8 日英和親条約調印、長崎・箱館開港。○12 日露和親条約調印。
安政 二	一八五五	四五	○八月、松陰「幽囚録」を送り閲を請う。	○1 幕府、洋学所を設ける。
三	一八五六	四六		○9 吉田松陰、松下村塾を再興。
四	一八五七	四七		○2 オランダ商館長クルチウス、アロー号事件を報ず。○10 ハリス江戸に入り将軍に謁す。○将軍継嗣問題起る。
五	一八五八	四八		○2 老中堀田正睦、上洛して条約勅許を請う。○4 井伊直弼大老となる。○6 日米修好通商条約調印。○7 将軍家定没。○伊東玄朴ら江戸神田お玉が池に種痘所を設ける。
六	一八五九	四九		○5 横浜・長崎・箱館開港、

				露・仏・英・蘭・米各国に自由貿易を許す。○10 吉田松陰死罪。
万延 一	一八六〇	五〇	○九月、高杉晋作、松陰の書をもって来る。	○1 咸臨丸、アメリカに向う。○3 桜田門外の変。○8 和宮、降嫁きまる。
文久 一	一八六一	五一	○母荒井氏没（年八七）	○5 水戸浪士、イギリス公使館を襲う。○10 種痘所を西洋医学所と改称。
二	一八六二	五二	○一二月、長州藩（久坂玄瑞ら）、土佐藩（中岡慎太郎ら）象山招聘を計る。○一二月、蟄居赦免となる。	○1 坂下門外の変。○4 伏見寺田屋騒動。○6 勅使大原重徳江戸へ下り、勅旨を伝える。○7 将軍家茂、勅旨遵奉を答える。○7 徳川慶喜を将軍後見職、松平慶永を政事総裁職とする。○8 生麦事件。○12 将軍家茂、攘夷を奉答。
三	一八六三	五三	○一月、藩主幸教に謁し、藩政改革について進言。○七月、京都御所表	○1 徳川慶喜上洛、○3 将軍家茂、上洛、参内。

			より召し出しの内意が伝えられたが、九月政変により中止。	○5　長州藩下関でアメリカ商船を砲撃。　○6　アメリカ・フランスの軍艦下関砲台を砲撃。　○7　イギリス艦隊、鹿児島を砲撃。（薩英戦争）。　○8　中川宮によるクーデターにより尊攘派斥けられる。（八・一八政変）　○9　天誅組敗北。　○10　公武合体派勢力を回復。
元治　一	一八六四	五四	○三月、幕命により上洛。　○四月、海陸御備向掛手付を命じられる。　○同月、山階宮及び徳川慶喜に謁し、時務を論ずる。　○五月、山階宮・中川宮・将軍家茂に謁す。六月、天皇を彦根に移す計画をたてる。　○七月一一日、山階宮邸に伺候の帰途、三条木屋町寓居近くで暗殺される。　○七月一四日知行並びに屋敷地召上げられ、佐久間家断絶。	○3　天狗党の乱。　○5　将軍家茂、大阪より海路帰府。　○6　池田屋事件。　○7　禁門の変。　○8　第一回長州征伐。　○8　四国連合艦隊、下関砲台を占領。

明治 二	一八六九		○二月、特別の寛典をもって、二男恪二郎により家名再興。
二二	一八八九		○二月、紀元節に際し、正四位を追贈。
昭和 六	一九三一		○五月、内務省、象山神社の創設を認可。

参考文献

●信濃教育会編「増訂象山全集」五巻　信濃毎日新聞社
●宮本　仲「佐久間象山」　岩波書店
●松浦　玲「佐久間象山・横井小楠」　中央公論社・日本の名著
●大平喜間多「佐久間象山」　吉川弘文館

引用文献

「氷川清話」（勝海舟全集・講談社版）
「吉田松陰」（吉田松陰全集・岩波書店）
「福翁自伝」（岩波文庫）
「松代町史」（長野県埴科郡松代町役場）

さくいん

【人名】

【事項・書名】

—G—

佐久間《さくま》象山《しょうざん》(ぞうざん)■人と思想48　　定価はカバーに表示

1985年1月20日　第1刷発行©
2014年9月10日　新装版第1刷発行©
2018年2月15日　新装版第2刷発行

・著　者 ……………………………… 奈良本《ならもと》　辰也《たつや》
左方《さかた》　郁子《ふみこ》
・発行者 ……………………………… 野村久一郎
・印刷所 ……………………… 法規書籍印刷株式会社
・発行所 ……………………… 株式会社　清水書院

検印省略
落丁本・乱丁本は
おとりかえします。

〒102-0072　東京都千代田区飯田橋3-11-6
Tel・03(5213)7151～7
振替口座・00130-3-5283
http://www.shimizushoin.co.jp

CenturyBooks

Printed in Japan
ISBN978-4-389-42048-2

CenturyBooks

清水書院の〝センチュリーブックス〟発刊のことば

近年の科学技術の発達は、まことに目覚ましいものがあります。月世界への旅行も、近い将来のこととして、夢ではなくなりました。しかし、一方、人間性は疎外され、文化も、商品化されようとしていることも、否定できません。

いま、人間性の回復をはかり、先人の遺した偉大な文化を継承して、高貴な精神の城を守り、明日への創造に資することは、今世紀に生きる私たちの、重大な責務であると信じます。

私たちがここに、「センチュリーブックス」を刊行いたしますのは、人間形成期にある学生・生徒の諸君、職場にある若い世代に精神の糧を提供し、この責任の一端を果たしたいためであります。

ここに読者諸氏の豊かな人間性を讃えつつご愛読を願います。

一九六六年

SHIMIZU SHOIN